"十四五"职业教育国家规划教材

"十三五"职业教育国家规划教材
"十三五"职业教育新能源汽车专业"互联网+"创新教材

走进新能源汽车

主　编　景平利　罗雪虎　高　磊
副主编　郑　李　宫英伟
参　编　陈荣梅　薛　菲　梁金娥　于海涛
主　审　郝子明

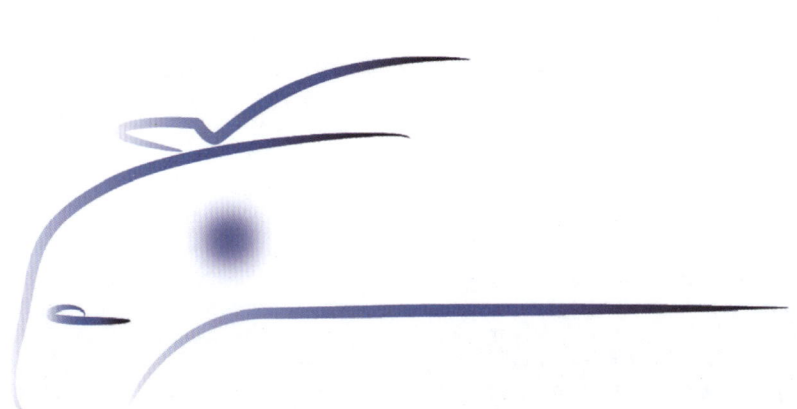

机械工业出版社

本书是"十四五"职业教育国家规划教材。

为了适应新时期职业教育人才培养的需要，以及科学技术发展的新趋势和新特点，我们组织教师和企业专家成立了课程研发小组，用"互联网+汽车专业"思维创新模式，编写了这套"十三五"职业教育新能源汽车专业"互联网+"创新教材，包括《走进新能源汽车》《电动汽车检查与维护》《电动汽车结构原理与检修》《电动汽车总装技术》《混合动力电动汽车结构原理与检修》以及相应的工作页。

本书共十一个部分，64个知识点，重点介绍了有关新能源汽车的基础知识，主要包括新能源汽车的发展历程、新能源汽车的特点、国家推动新能源汽车的政策和补贴、新能源汽车的种类和车型，并结合纯电动汽车、混合动力汽车和燃料电池汽车从结构组成、工作原理、技术重点等全方位进行了介绍，并简要介绍了如何购买和使用新能源汽车及其未来的发展趋势。本书融合了大量的漫画与图片，并整合了移动多媒体技术，在学习资料文本附近设置二维码，使用者用装有摄像机的手机进行扫描，便可在手机屏幕上显示和教学材料相关的多媒体内容，可以方便读者理解相关知识，以便更深入地学习。

本书可作为职业院校新能源汽车、汽车维修等相关专业的教学用书，还可以作为汽车企业的培训资料，也可作为想了解新能源汽车的大众群体的科普读物。

图书在版编目（CIP）数据

走进新能源汽车/景平利，罗雪虎，高磊主编 .—北京：机械工业出版社，2016.11（2025.1重印）

"十三五"职业教育新能源汽车专业"互联网+"创新教材

ISBN 978-7-111-55549-0

Ⅰ.①走… Ⅱ.①景…②罗…③高… Ⅲ.①新能源-汽车-职业教育-教材 Ⅳ.①U469.7

中国版本图书馆 CIP 数据核字（2016）第 287341 号

机械工业出版社（北京市百万庄大街22号　邮政编码100037）

策划编辑：曹新宇　　责任编辑：曹新宇

责任校对：肖　琳　　封面设计：马精明

责任印制：张　博

北京建宏印刷有限公司印刷

2025年1月第1版第21次印刷

210mm×285mm・11.25印张・245千字

标准书号：ISBN 978-7-111-55549-0

定价：44.90元

电话服务	网络服务
客服电话：010-88361066	机　工　官　网：www.cmpbook.com
010-88379833	机　工　官　博：weibo.com/cmp1952
010-68326294	金　书　网：www.golden-book.com
封底无防伪标均为盗版	机工教育服务网：www.cmpedu.com

关于"十四五"职业教育
国家规划教材的出版说明

为贯彻落实《中共中央关于认真学习宣传贯彻党的二十大精神的决定》《习近平新时代中国特色社会主义思想进课程教材指南》《职业院校教材管理办法》等文件精神，机械工业出版社与教材编写团队一道，认真执行思政内容进教材、进课堂、进头脑要求，尊重教育规律，遵循学科特点，对教材内容进行了更新，着力落实以下要求：

1. 提升教材铸魂育人功能，培育、践行社会主义核心价值观，教育引导学生树立共产主义远大理想和中国特色社会主义共同理想，坚定"四个自信"，厚植爱国主义情怀，把爱国情、强国志、报国行自觉融入建设社会主义现代化强国、实现中华民族伟大复兴的奋斗之中。同时，弘扬中华优秀传统文化，深入开展宪法法治教育。

2. 注重科学思维方法训练和科学伦理教育，培养学生探索未知、追求真理、勇攀科学高峰的责任感和使命感；强化学生工程伦理教育，培养学生精益求精的大国工匠精神，激发学生科技报国的家国情怀和使命担当。加快构建中国特色哲学社会科学学科体系、学术体系、话语体系。帮助学生了解相关专业和行业领域的国家战略、法律法规和相关政策，引导学生深入社会实践、关注现实问题，培育学生经世济民、诚信服务、德法兼修的职业素养。

3. 教育引导学生深刻理解并自觉实践各行业的职业精神、职业规范，增强职业责任感，培养遵纪守法、爱岗敬业、无私奉献、诚实守信、公道办事、开拓创新的职业品格和行为习惯。

在此基础上，及时更新教材知识内容，体现产业发展的新技术、新工艺、新规范、新标准。加强教材数字化建设，丰富配套资源，形成可听、可视、可练、可互动的融媒体教材。

教材建设需要各方的共同努力，也欢迎相关教材使用院校的师生及时反馈意见和建议，我们将认真组织力量进行研究，在后续重印及再版时吸纳改进，不断推动高质量教材出版。

机械工业出版社

前言

随着汽车保有量的逐年增加，汽车与能源、汽车与交通、汽车与环保、汽车与城市化等问题也日益突显，发展新能源汽车已刻不容缓。从新世纪初的"十五""863"计划电动汽车重大专项主要政策开始，到2009年制定《新能源汽车生产企业及产品准入管理规则》，新能源汽车越来越受到国家、企业的重点关注；同时，发展新能源汽车还承载着我国"弯道超车"的梦想，因此研发高效能、高环保的新能源汽车已成为我国汽车工业发展的重要主题。

目前，我国自主品牌的新能源汽车在全球市场正高歌猛进，如北汽新能源、比亚迪等已经取得很优秀的成绩。尤其是近年来在政府的支持下，个人购买电动汽车的数量急剧增加，新能源汽车行业前、后市场对技能人才的需求量也不断增大。为此，我们组织教师和企业专家成立了课程研发小组，主要结合企业岗位的实际需求，广泛借鉴国内外新能源汽车的研究成果，形成以模块式课程为载体、以工作过程为主线、以任务驱动教学为主要形式的专业课程开发思路，编写了本系列教材，包括《走进新能源汽车》《电动汽车检查与维护》《电动汽车结构原理与检修》《电动汽车总装技术》《混合动力电动汽车结构原理与检修》以及相应的工作页。

本书始终坚持正确的政治方向，以国家和社会的需求为导向，以专业人才培养目标为依据，以所在专业能力结构为主线，将习近平新时代中国特色社会主义思想和党的二十大精神融入教材，以全力打造精品教材为出发点，以每一个学习情境、每一个学习任务、每一幅插图为落脚点，全面落实立德树人的根本任务，发挥铸魂育人实效。

本书重点介绍了有关新能源汽车的基础知识，主要包括新能源汽车的发展历程、新能源汽车的特点、国家推动新能源汽车的政策和补贴、新能源汽车的种类和车型，并结合纯电动汽车、混合动力汽车和燃料电池汽车从结构组成、工作原理、技术重点等全方位进行了介绍，并简要介绍了如何购买和使用新能源汽车及其未来的发展趋势。

本书采用了"互联网+汽车专业"的思维创新模式，融合了大量的漫画与图片，并整合了移动多媒体技术，在学习资料文本附近设置二维码，使用者用装有摄像机的手机进行扫描，便可在手机屏幕上显示和教学材料相关的多媒体内容，生动活泼，图文并茂，形象生动，便于阅读和理解，提升读者对新能源汽车的兴趣，为进一步深入学习新能源汽车的相关技能打下良好基础。

本书由北京汽车技师学院组织编写，北汽新能源有限公司党委副书记、工会主席郝子明主审。本书由景平利、罗雪虎、高磊任主编，郑李、宫英伟任副主编。编写分工为：郑李参与第一部分、第二部分编写；宫英伟、罗雪虎参与第三部分、第四部分编写；陈荣梅参与第五部分、第六部分编写；薛菲参与第七部分编写；梁金娥、于海涛参与第八部分编写；景平利编写第九部分并参与所有部分的编写，罗雪虎、高磊对全书进行了统稿。

由于编者水平有限，书中难免有疏漏之处，恳请专家和读者批评指正，交流探讨，以便再版时修改补充。

编　者

目 录

前言

走进新能源汽车 …………………………………………………………………… 1

一、新能源汽车的发展史 …………………………………………………………… 2
   1. 什么是新能源汽车 …………………………………………………………… 2
   2. "出道"早，成名晚 ………………………………………………………… 4
   3. 家族脸谱 …………………………………………………………………… 10
   4. 星星之火的燎原之势 ……………………………………………………… 15

二、新能源汽车是不一样的烟火 ………………………………………………… 18
   1. 被催生出的新能源汽车 …………………………………………………… 19
   2. 大自然的搬运工 …………………………………………………………… 23
   3. 我用喇叭提醒你车来了 …………………………………………………… 24
   4. 给热岛降温 ………………………………………………………………… 25
   5. 省钱也能任性 ……………………………………………………………… 25

三、是谁在推动新能源汽车的发展 ……………………………………………… 28
   1. 发达国家制定优惠的新能源汽车发展政策 ……………………………… 28
   2. 发展新能源汽车是我国的战略选择 ……………………………………… 31
   3. 政策为新能源汽车发展保驾护航 ………………………………………… 32
   4. 补贴：国家、地方一个都不能少 ………………………………………… 35

四、新能源汽车的未来不是梦 …………………………………………………… 39
   1. 全球企业都在推出新能源汽车 …………………………………………… 39
   2. 超乎想象的能量电池 ……………………………………………………… 40
   3. 三足鼎立的驱动电机技术 ………………………………………………… 43
   4. 现在的明星——混合动力汽车 …………………………………………… 46
   5. 燃料电池汽车才是真正的主角 …………………………………………… 47
   6. 取之不尽的能源——太阳能汽车 ………………………………………… 50

五、纯电动汽车跑起来 …………………………………………………………… 54
   1. 结构简单灵活的成人玩具车 ……………………………………………… 54
   2. 心脏——电机及其控制系统 ……………………………………………… 58

3. 神经中枢——电控系统 ······ 60
4. 速度控制其实比你想的要容易 ······ 62
5. 制动还能充电 ······ 63
6. 能量源——动力电池 ······ 65
7. 纯电动汽车的宠儿——锂电池 ······ 66
8. 能量收取自如的电池管理系统 ······ 69
9. 没发动机还需要冷却吗 ······ 71
10. 纯电动汽车能可靠驾驶吗 ······ 74
11. 纯电动汽车跑得快吗 ······ 76
12. 不一样的空调 ······ 77
13. 改变世界的特斯拉 ······ 79
14. 跨界车比亚迪 e6 ······ 84
15. 精品 A0 级轿车北汽 EV200 ······ 86

六、油电混合动力汽车在路上 ······ 92

1. 混合动力复杂吗 ······ 92
2. 混合动力汽车动力输出方式 ······ 95
3. 混合动力汽车的典型结构 ······ 100
4. 动力系统如何协调 ······ 103
5. 如何掌控混合动力系统 ······ 105
6. 可靠吗？不开也知道 ······ 107
7. 销量之王丰田普锐斯 ······ 108
8. 新贵比亚迪唐 ······ 116

七、燃料电池汽车的闪亮登场 ······ 119

1. 燃料电池电动汽车的类型 ······ 119
2. 燃料电池电动汽车组成结构 ······ 121
3. 化学能转化为动能效率高 ······ 124
4. 随身携带"氢弹"的汽车 ······ 125
5. 全球首款燃料电池电动汽车 Mirai ······ 127

八、购买新能源汽车 ······ 132

1. 去哪购买新能源汽车 ······ 132
2. 购买后的汽车怎么安装充电桩 ······ 133
3. 购买时关注哪些主要指标 ······ 138

九、使用电动汽车 ······ 141

1. 没有变速杆的纯电动汽车怎么开 ······ 141
2. 满血复活：快充和慢充 ······ 142

- 3. 去哪里找公用充电桩 … 145
- 4. 智能化的中控信息娱乐系统 … 146
- 5. 电动汽车的日常维护 … 149
- 6. 电动车的售后服务 … 150

十、电动汽车车联网和手机控制 … 151
- 1. 无处不在的车联网 … 151
- 2. 数据采集终端是什么 … 152
- 3. 数据采集终端有什么 … 152
- 4. 手机就能控制汽车 … 153

十一、能看到的未来智能化新能源汽车 … 156
- 1. 180°旋转的电动轮 … 156
- 2. 无线充电——边跑边充 … 157
- 3. 无人驾驶不是事儿 … 160
- 4. 面对未来的汽车世界，你准备好了吗 … 161

附录　88 个新能源汽车推广示范城市名单 … 163

参考文献 … 170

走进新能源汽车

如果一辆车百公里耗油量等于0，请问是什么车？

我是0油耗，我不喝油哦！别说百公里，千公里也是0油耗！

我是0油耗，我也不喝油，呵呵，我只喝水！

哈哈，我也可以0油耗，我是不喝油的汽车！我是新能源汽车的代表，新能源汽车家族的大部分成员都是0油耗。

笔 记

一、新能源汽车的发展史

1. 什么是新能源汽车

✎ 笔记

不喝油的汽车还是汽车吗？我现在都喝的是清洁汽油，动力足，排放污染物也少。

不喝油也可以是汽车？其实不喝油的汽车要比喝油的早出道，只是我们的名字"新能源汽车"出现得晚了点。

（1）"新能源汽车"——名字的由来

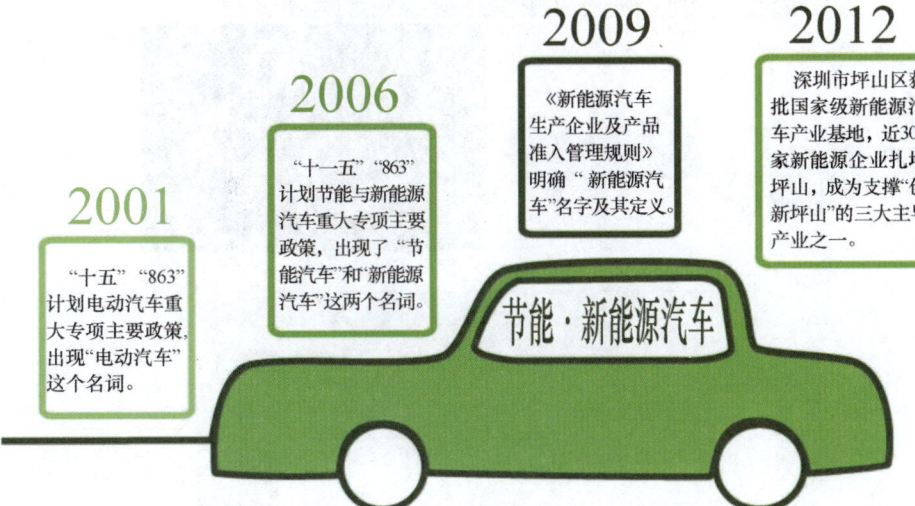

2001 "十五""863"计划电动汽车重大专项主要政策，出现"电动汽车"这个名词。

2006 "十一五""863"计划节能与新能源汽车重大专项主要政策，出现了"节能汽车"和"新能源汽车"这两个名词。

2009 《新能源汽车生产企业及产品准入管理规则》明确"新能源汽车"名字及其定义。

2012 深圳市坪山区获批国家级新能源汽车产业基地，近300家新能源企业扎堆坪山，成为支撑"创新坪山"的三大主导产业之一。

2020 国务院办公厅印发《新能源汽车产业发展规划（2021—2035年）》，要求深入实施发展新能源汽车国家战略，推动中国新能源汽车产业高质量可持续发展，加快建设汽车强国。

> **小贴士**
>
> 　　新能源汽车（New Energy Vehicles）正式出现是在我国工业和信息化部2009年6月17日发布的《新能源汽车生产企业及产品准入管理规则》上。在此规则中明确指出：新能源汽车是指采用非常规的车用燃料作为动力来源（或使用常规的车用燃料、采用新型车载动力装置），综合车辆的动力控制和驱动方面的先进技术，形成的技术原理先进，具有新技术、新结构的汽车。2012年国务院发布实施《节能与新能源产业发展规划（2012—2020年）》，指出新能源汽车为采用新型动力系统，完全或主要依靠新型能源驱动的汽车。

（2）节能汽车≠新能源汽车

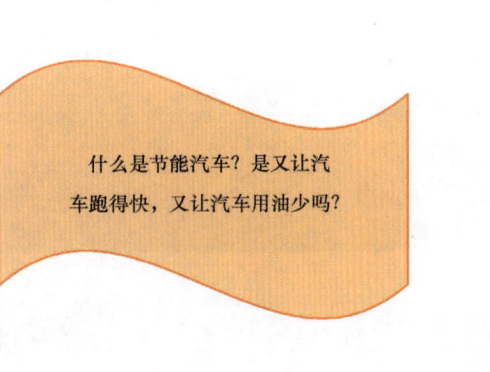

什么是节能汽车？是又让汽车跑得快，又让汽车用油少吗？

　　节能汽车是指以内燃机为主要动力系统，综合工况燃料消耗量优于下一阶段目标值的汽车。

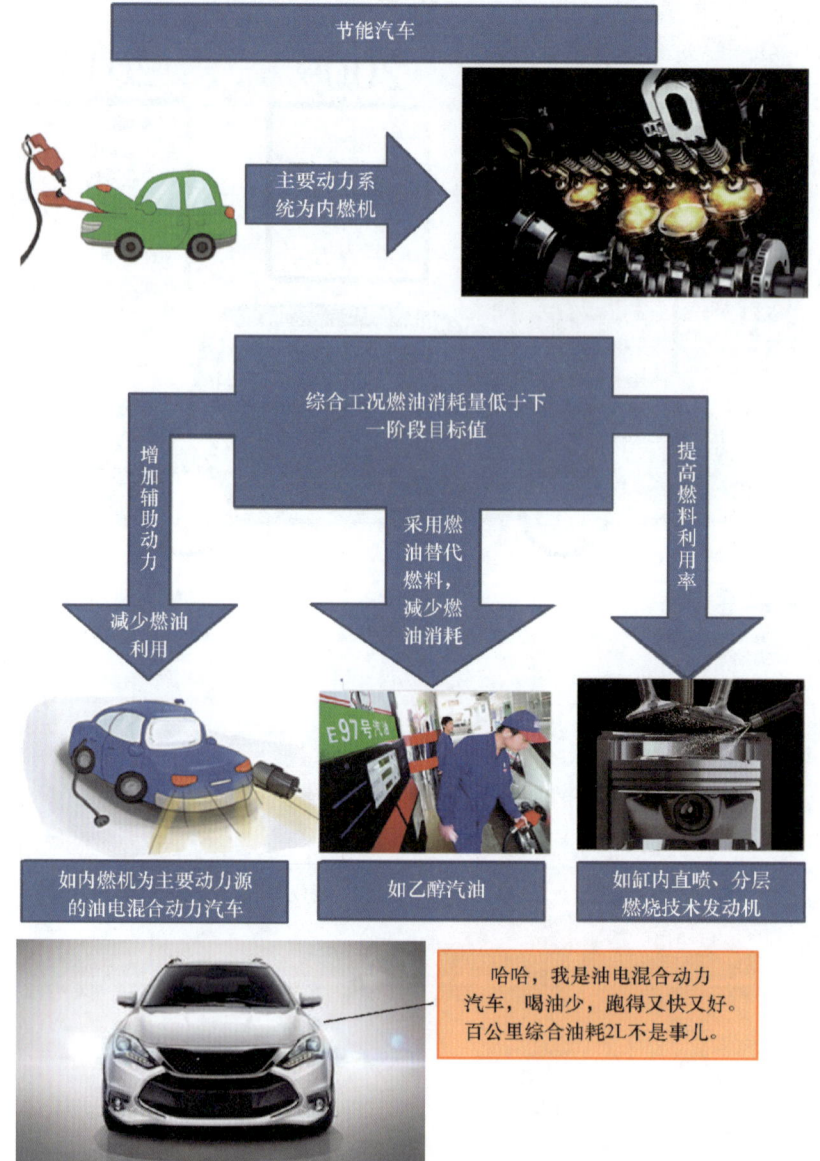

:::: 想一想

节能汽车和新能源汽车有什么差别？

节能汽车有内燃机，以节能为目标，以内燃机为主要动力系统；新能源汽车不全部以内燃机作为主要动力系统，如纯电动汽车以锂电池提供电能驱动电机工作。

::::

2. "出道"早，成名晚

早在 1834 年苏格兰人德文博特（T. Davenport）制造了一辆电动三轮车，比 1885 年德国人卡尔·本茨（Karl Benz）发明的汽油机驱动汽车早了近半个世纪。

> 我比1885年出生的汽油机汽车早了半个世纪,只是我由一组不可充电的干电池驱动,行驶的距离短而已。但是不能否认我跨出的一步可是人类汽车发展史上的一大步。

电动汽车的发明者

笔 记

从1834年之后,电动汽车的发展历经了风雨,也历经了辉煌。19世纪末期到20世纪初期,这是电动汽车的黄金时期,一大批不凡的电动汽车受到了人们的喜爱。从以下的历史老照片就能了解新能源汽车的发展历程。

1873年,英国人罗伯特·戴维森(Robert Davidsson)制作了世界上最初的可供实用的电动汽车。

1888年,英国华德电气公司制造了一辆时速可达11km的电动公共汽车,用于伦敦公共交通。

1899年4月29日，比利时人卡米乐·热纳茨(Camille Jenatzy)驾驶着一辆名为La Jamais Contente（中文意"永不满意"）炮弹外形的电动车以105.88km/h的速度刷新了由汽油动力发动机保持的世界汽车最高车速的纪录，这也是汽车速度第一次突破100km/h大关，并且保持着这个纪录进入到了20世纪。

1916年8月，世界上第一辆电油混合动力汽车问世。这款车跟现代的汽车外形结构很接近，使用操纵杆代替踏板来控制加速踏板。

1920年美国新泽西州的发明家在早期混合动力汽车设计基础上进行创新，设计了最早的制动力回收系统。

1920年前后生产的电动车，体积小、重量轻，因此最大限度发挥了电动机的功能。这种汽车的使用成本比燃油车更低。由于第一次世界大战致使油价不断上涨，仅英国电动汽车的使用量就增加了8%，成为了一种更经济实用的交通工具。

一、新能源汽车的发展史　　007

　　1959年的时候，一款名叫Charles Town-About的电动汽车出现，其外形美观，续航里程为128km。

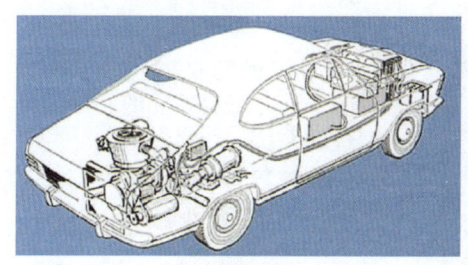

　　1968年，通用汽车公司引进"盈亏平衡"概念。把斯特林发动机与14个12V电池组合在一起。这款车车速达到48km/h，由斯特林发动机不断为汽车充电，电力不会耗尽。但是该汽车的起动耗时较长，需要20s以上。

　　1973年出现了好几款电动汽车，其中有一种全木质车身的轿车。为减轻汽车整体重量，该汽车采用了木质车身，但是并没有风行天下，电池寿命依然是个问题。

　　1974年6月菲亚特X1/23横空出世。整车加上电池重798kg，最高速度达到64km/h。

笔记

1974年11月澳大利亚南部的Flinder大学一改依赖电池升级发展的思路，把重点转移到发动机和传输系统的开发上。节省了电池的能源，充电一次可行驶144km。

1975年涡轮电动汽车问世，动力来自独立的两套传动系统：一台燃油涡轮机和一台电动机。

1975年11月带发电机拖车的豪华版电动汽车Transformer 1型车问世。该汽车是第一款豪华版长途用电动车，携带一台为长途旅行提供动力的汽油发电机小拖车，汽车能够以80km/h的速度持续行驶1770km。

1990年洛杉矶车展，通用汽车公司展示了一款名叫Impact的电动概念车，Impact的重量仅有998kg，其中仅蓄电池就占了382kg。该车从静止状态加速到96km/h只需7.9s，在高速公路上以88km/h的速度可行驶200km。被认为是现代汽车工业史上的第一辆全电动汽车。

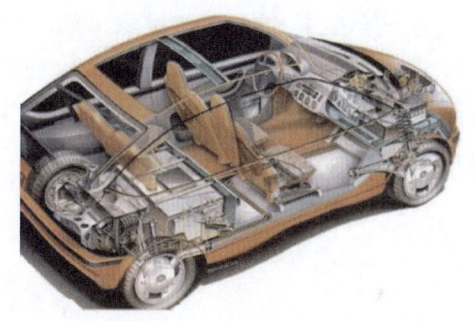

1991年在法兰克福车展上，宝马公司推出E1型电动概念车。该车的外壳材料是可回收塑料，钠硫电池驱动，整车重不到907kg，一次充电可行驶273km，最高速度可达128km/h。

1996年通用汽车公司制造并开始销售EV1电动汽车。这是以现代化批量生产的方式推出的第一款电动汽车。每次充电后最大续航里程的理论值可以到144km左右，最高行驶速度为128km/h，并且当年的EV1电动汽车已经具有制动能量回收系统，其超低的风阻系数(0.19)为该车进一步提高了续航里程。

PRIUS普锐斯是日本丰田汽车于1997年推出的世界上第一个大规模生产的混合动力汽车，随后在2001年销往全世界40多个国家和地区。第一代普锐斯搭载1.5L汽油发动机、永磁交流电动机和288V镍金属氢化物电池组。汽油发动机提供的最大功率为42.63kW，最大转矩为102N·m。电动机的峰值功率和转矩分别为29.40kW和305N·m。

自普锐斯之后,世界各大汽车公司和新生企业又重新拉开了新能源汽车研发的大幕,菲斯科 Karma、日产 Denki Cube、雪佛兰 Volt 和特斯拉 Roadster 等车型纷纷加入新能源汽车的行列。这些汽车都采用最新的锂离子电池技术,把新能源汽车的性能与活动范围都带到了一个新的境界,并且已经逐渐被普通家庭用户接受,并购买使用。新能源汽车又重新登上了汽车世界的舞台中心。

> **知识拓展**
>
> 1816 年,伦敦的牧师斯特林发明了斯特林发动机。该发动机是通过气体受热膨胀、遇冷压缩而产生动力。这是一种外燃发动机,使燃料连续地燃烧,蒸发的膨胀氢气(或氦)作为动力气体使活塞运动,膨胀气体在冷气室冷却,反复地进行这样的循环过程。

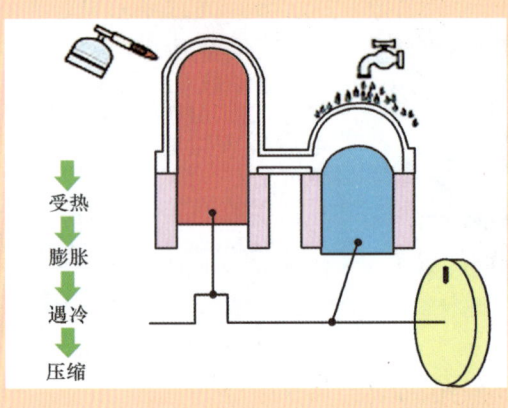

3. 家族脸谱

家族脸谱

随着新能源汽车的发展壮大,其包含的范围也越来越广。按照目前新能源技术特点和车辆驱动原理,一般将新能源汽车分为混合动力汽车(Hybrid Electric Vehicle,HEV)、纯电动汽车(Battery Electric Vehicle,BEV)、燃料电池汽车(Fuel Cell Electric Vehicle,FCEV)以及燃气汽车、生物燃料汽车和其他能量形式驱动的汽车。

(1) 混合动力汽车

混合动力就是发动机和电机结合起来驱动汽车运行,因为电机的加入,使得汽车的综合油耗得到很大的降低。

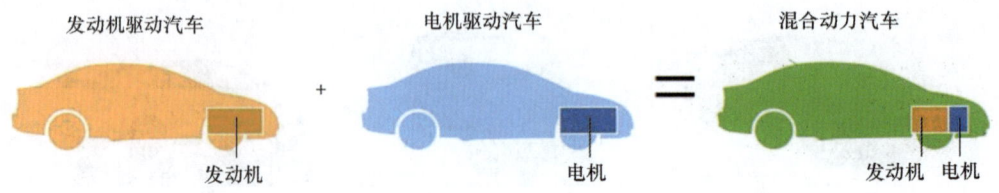

行驶在拥堵路况，油电混合汽车中的发动机停止工作，采用电机驱动，起停快速还节能；其可减少发动机在经常停车起步阶段的油耗，同时减少排放污染。

行驶在良好路况的高速公路上时，油电双重动力同时工作，加速迅猛而平顺。发动机的全部动力输出与蓄电池组同时提供动力，以双重动力驱动车辆，动力更加充沛，从而实现无间隙的平顺加速。

（2）纯电动汽车

电动汽车顾名思义就是采用电力驱动的汽车，就是电池给电机供电，电机工作驱动汽车行驶。

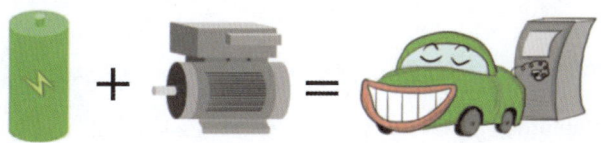

（3）燃料电池汽车

燃料电池汽车主要由驱动部分、储能部分和储氢罐组成，燃料电池汽车是指以氢气、甲醇等为燃料，通过化学反应产生电流，依靠电动机驱动的汽车。其电池的能量是通过氢气和氧气的化学作用，而不是经过燃烧，直接变成电能的。燃料电池的化学反应过程不会产生有害产物，燃料电池的能量转换效率比内燃机要高2~3倍，并且实现了零排放，从能源的利用和环境保护方面，燃料电池汽车是一种理想的车辆。

燃料氢气在汽车搭载的燃料电池中，与大气中的氧气发生化学反应，产生出电能给电动机供电，来带动电动机工作，由电动机驱动汽车运动，同时把化合产物水排出车外。

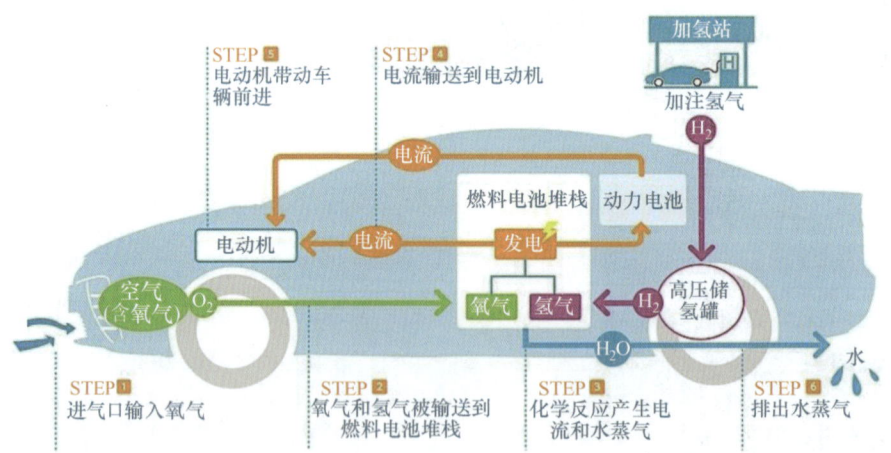

（4）燃气汽车

燃气汽车是指利用可燃气体作为能源驱动的汽车，常见的燃气有压缩天然气（Compressed Natural Gas，CNG）、液化石油气（Liquefied Petroleum Gas，LPG）和液化天然气（Liquefied Natural Gas，LNG）。

其工作原理与燃油汽车的工作过程基本相同,只是把燃油换成了燃气。工作原理是燃气从钢瓶出来以后经过减压阀减压,再经过过滤器过滤,进入喷轨,通过喷阀进入到气缸,在气缸内与氧气混合,经过火花塞点燃做功。

钢瓶中压缩天然气的压力一般为 20~25MPa,但是它的 CO 排放量比汽油车减少 90% 以上,碳氢化合物排放减少 70% 以上,氮氧化合物排放减少 35% 以上。

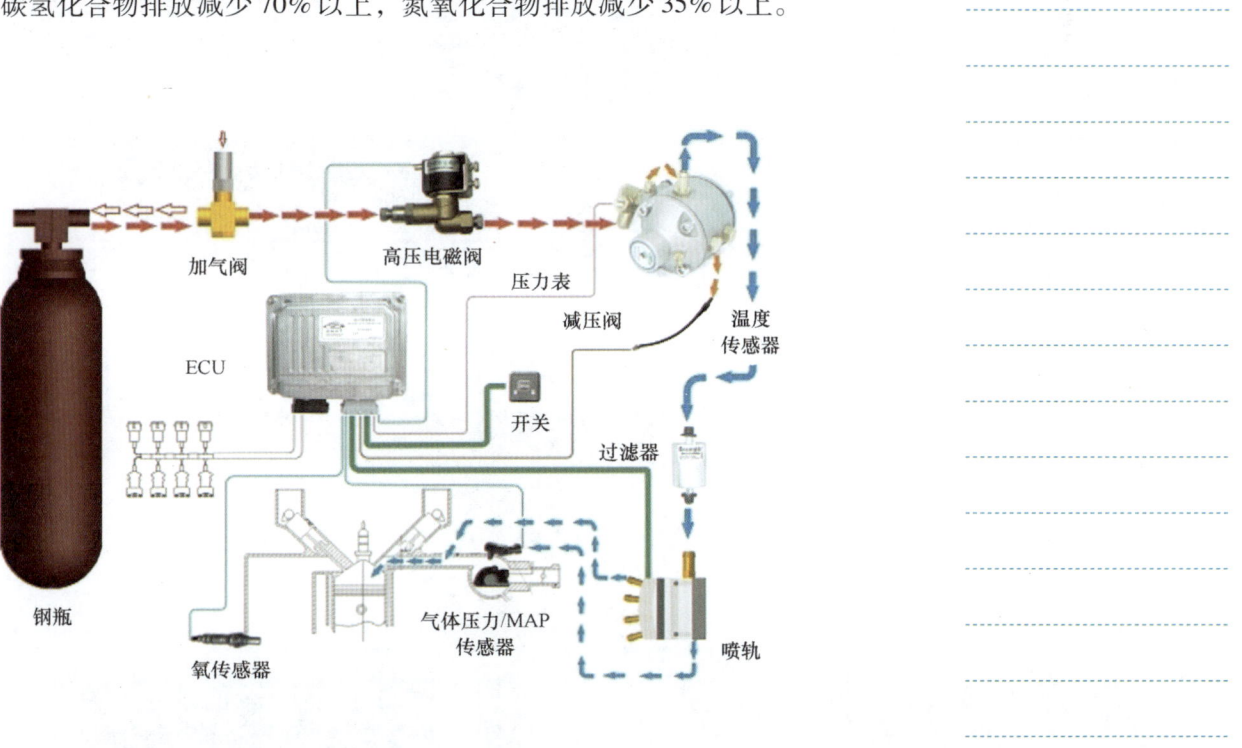

(5) 生物燃料汽车

生物燃料汽车是指从有机物提取出或者制成的燃料,以其作为能源驱动的汽车。

> **想一想**
>
> 查阅资料指出下面的车型哪些是新能源汽车?

4. 星星之火的燎原之势

根据工信部数据显示,中国 2015 年累计生产电动汽车 37.90 万辆,比 2014 年增长 4 倍。其中,纯电动乘用车生产 14.28 万辆,同比增长 3 倍,插电式混合动力乘用车生产 6.36 万辆,同比增长 3 倍;纯电动商用车生产 14.79 万辆,同比增长 8 倍,插电式混合动力商用车生产 2.46 万辆,同比增长 79%。2009 年到 2015 年中国累计生产新能源汽车 49.7 万辆,在全球新能源汽车销量中占比超过 30%。

笔记

全球电动汽车销量从 2012 年的 14 万辆、到 2015 年的 54.9 万辆，再到 2020 年突破 300 万量，年增速超过 70%。

全球新能源汽车渗透率逐步提升，2018 年全年渗透率达到 2.10%，随着传统汽车的下行及新能源汽车的不断放量，2020 年全年渗透率达到了 7.00%。新能源汽车已经逐步为大众所接受。

新能源之火已呈现燎原之势，2021 年全球新能源汽车年销量增长率首次突破 100%，以 101% 的增长率，取得销售 631 万辆的成绩，可以看出新能源汽车的前景一片光明。

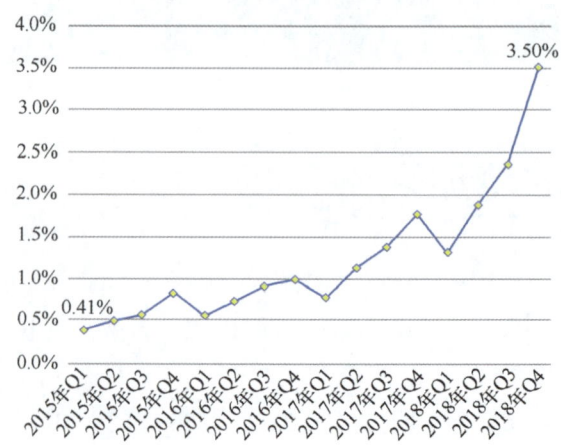

2015-2018年全球新能源汽车季度渗透率

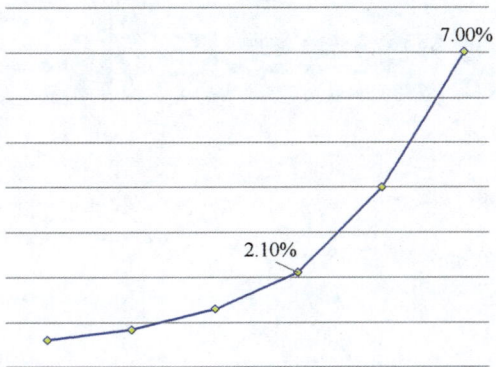

2015-2020年全球新能源汽车年度渗透率

二、新能源汽车是不一样的烟火

1. 被催生出的新能源汽车

（1）没有多余的石油

地球上的"石油"不少，但是再多的石油也养不起数量激增的汽车呀！

汽车是石油的主要消耗对象，而且我国汽车产销量已居世界第一，每年仅汽车对石油的消耗量就相当巨大。

2005年8月，我国广东地区出现有史以来最困难的油荒事件。为了加油，车主们半夜不睡觉排队到天亮，一时间各加油站前蜿蜒数百米的车辆队伍，成了这个时期的特殊风景线。

石油已经无声无息地融入了我们的日常生活。据法国专家贾内西尼认为，"就目前已知的石油储量，这个数字约为1万亿桶，够人类消费36~40年（按目前的石油消费速度计算）"。

汽车数量激增所带来的燃油消耗给我国的能源安全带来了日益增大的压力。长此下去,将难以维持我国汽车产业的发展。

燃油汽车的效率较低,燃油汽车在工作过程中,只有30%左右的能量转化为了有用功。

汽车对石油的大量消耗,还引发了气候的变化。二氧化碳是全球最重要的温室气体,是造成气候变化的主要原因,而它主要来自石化燃料的燃烧,其中汽车的排放影响很大。据科学家预测,未来50~100年人类将完全进入一个变暖的世界,未来100年全球平均地表温度将上升1.4~5.8℃,到2050年我国平均气温将上升2.2℃。

（2） 雾霾跟燃油汽车有关吗？

　　雾霾是雾和霾的混合物，其中雾是空气中的水汽；霾的核心物质是悬浮在空气中的烟、灰尘等物质，空气相对湿度低于80%，颜色发黄。雾霾能直接进入并黏附在人体下呼吸道和肺叶中，对人体健康有伤害。在雾霾天气中，PM2.5是"罪魁祸首"，主要来源是汽车尾气。联合国的调查报告则显示，城市的汽车越来越多，排放的汽车尾气量也越来越大，对城市空气中PM2.5的"贡献"约为60%。

> **小贴士**
>
> PM2.5 含义：PM，英文全称为 particulate matter（颗粒物），PM2.5 是指大气中直径小于或等于 2.5μm 的颗粒物，也称为可入肺颗粒物（暂无标准中文名）。虽然 PM2.5 只是地球大气成分中含量很少的组分，但它对空气质量和能见度等有重要的影响。PM2.5 粒径小，富含大量的有毒、有害物质且在大气中的停留时间长、输送距离远，因而对人体健康和大气环境质量的影响更大。

（3）我"响"，故我在

现代城市生活中，噪声污染已经严重影响了人们的日常生活，而交通噪声是城市的主要噪声源（约为70%）。

调查表明，机动车辆噪声占城市交通噪声的85.5%，而且汽车噪声一般为80~100dB。发动机噪声是汽车行驶过程中重要的噪声来源，在发动机内，油气混合物被点燃，其燃烧过程迅猛，会发出很大的声音。发动机排出的废气经过消声器，虽然得到了较好的控制，可依然会发出"呜呜"的声音，并且节气门开度越大，车速越高，排气声越大。

 **小贴士**

分贝是一种测量声音相对响度的单位。

0dB 是人刚能听到的最微弱的声音；

30dB～40dB 是较为理想的安静环境；

超过 50dB 会影响休息和睡眠；

超过 70dB 会影响学习和工作；

超过 90dB 会影响听力；

如果突然暴露在高达 150dB 的噪声环境中，鼓膜会破裂出血，双耳完全失去听力。

2. 大自然的搬运工

燃料电池、纯电动汽车没有了发动机，因此在运行过程中不会产生尾气排放，因此不存在大气污染的问题，是可以实现零排放的汽车；氢动力汽车通过氢气和氧气的燃烧，最终的产物是水，水不会对环境产生污染，也是一种零排放的汽车。

$$氢气\ (H_2) + 氧气\ (O_2) \longrightarrow 水\ (H_2O)$$

> **小贴士**
>
> 有人说纯电动汽车也污染了环境,因为使用的是二次能源——电能。在火力发电时污染了大气,它只是把污染从城市转移到了郊区?
>
> 1. 因为发电厂的高效能,即使电动汽车的电能全部来自于火力发电厂,其整体的能量利用效率也高于常规燃油汽车。
>
> 2. 相对于传统燃油汽车的移动污染,发电厂的集中排放更容易得到治理和控制,并且技术也在不断提升。
>
> 3. 电动汽车可以利用夜间进行充电,平抑了用电波峰和波谷,使得电能利用率显著提高,大大减少了空气污染。
>
> 4. 随着发电技术的不断进步,电力来源多样化,依靠火力发电等破坏或影响环境的发电方式所占比重会越来越小,许多清洁能源及可再生能源,如风能、太阳能、潮汐能等将越来越高效的转化为电能。

3. 我用喇叭提醒你车来了

电动汽车在低速行驶时发出的噪声很小,这为车内人员提供了舒适的体验,但对于视力受损的行人而言,由于需要依靠声音来辨别车流,可能增加危险。因此,美国国家公路交通安全管理局针对电动汽车和混合动力汽车出台了行人保护措施,要求在电动汽车上安装一个小型防水扬声器,在行驶时模拟汽车噪声,提醒行人注意。

> **小贴士**
>
> 电动汽车的声音只来自轮胎、空气摩擦以及电动机偶尔加速时和电机控制器的"嗡嗡"声。正常以30km/h以下的速度行驶时,声音很小,在40dB以下。

4. 给热岛降温

城市热岛效应是指城市中的气温明显高于外围郊区的现象。在近地面温度图上，郊区气温变化很小，而城区则是一个高温区，就像突出海面的岛屿，由于这种岛屿代表高温的城市区域，所以就被形象地称为城市热岛。

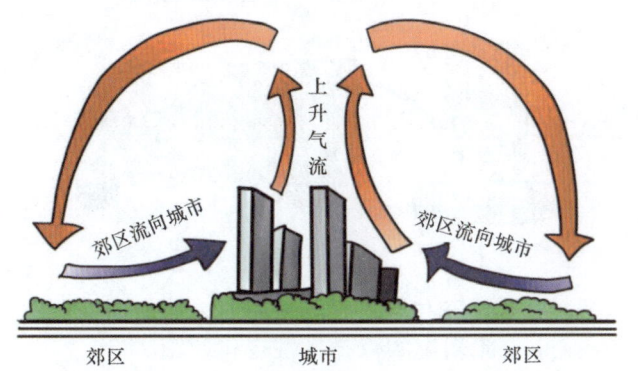

城市里的燃油汽车排放的热很好理解，发动机的正常工作温度在90℃左右，不论是冬天还是夏天，这个温度基本不变，只要车辆行驶了一段时间后，打开发动机舱盖，一阵热风就迎面扑来。这些热量的聚集改变了城市地表的局部温度、湿度、空气对流等因素，引起城市小气候，从而使城市温度升高。

相对燃油汽车，新能源汽车中的纯电动和燃料电池等汽车类型产生的热量很少，燃料电池在氢氧化合时，工作温度也较低。纯电动汽车和燃料电池汽车都是使用电机驱动，没有了燃烧过程，没有了高温废气的排放。另外电动汽车依靠电力运动，能量转换效率很高，部件发热少，且不会运转过热，向环境中排放的热量要比燃油汽车少80%以上。

5. 省钱也能任性

新能源汽车用起来省钱吗？能够比燃油汽车省吗？看下面的图告诉你纯电动汽车省钱就是这么任性。

电动汽车能给你省多少钱？

国家发展改革委员会下发《关于电动汽车用电价格政策有关问题的通知》，确定电动汽车充换电设施用电实行扶持性电价政策

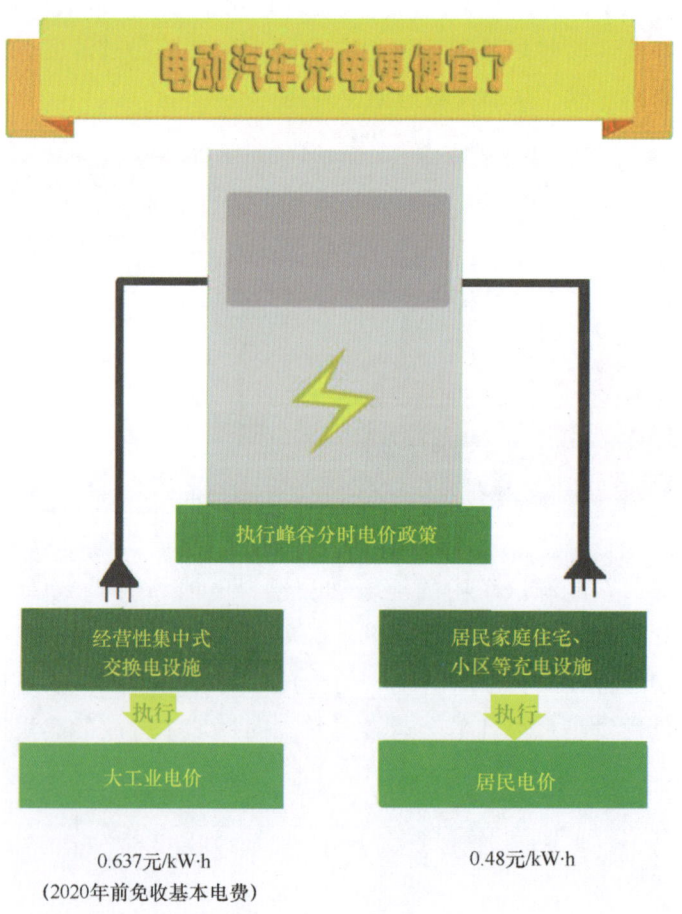

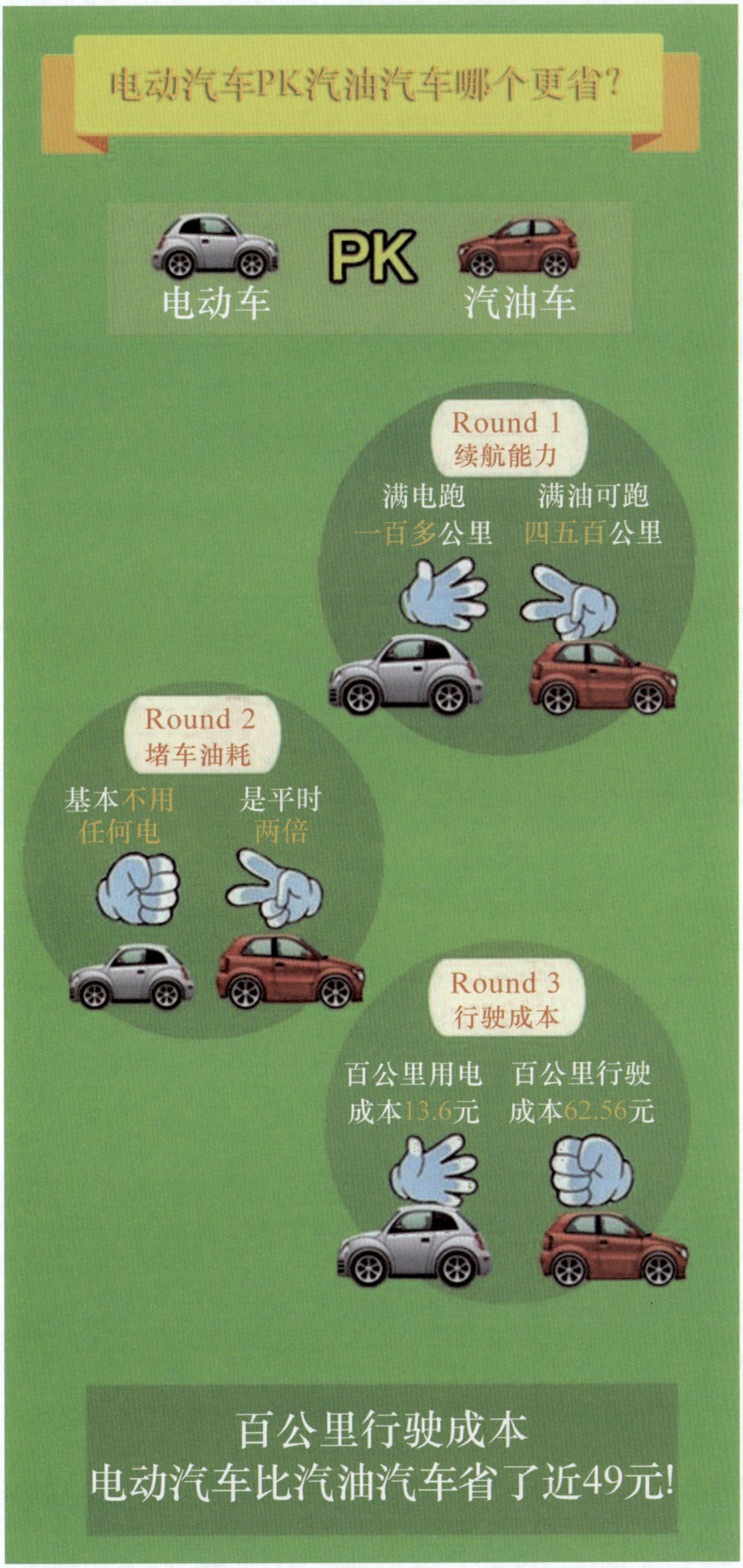

电动汽车PK汽油汽车哪个更省？

电动车 PK 汽油车

Round 1 续航能力
- 满电跑 一百多公里
- 满油可跑 四五百公里

Round 2 堵车油耗
- 基本不用任何电
- 是平时两倍

Round 3 行驶成本
- 百公里用电成本13.6元
- 百公里行驶成本62.56元

**百公里行驶成本
电动汽车比汽油汽车省了近49元！**

三、是谁在推动新能源汽车的发展

1. 发达国家制定优惠的新能源汽车发展政策

随着日益严峻的环境和能源问题，各国纷纷加快发展新能源汽车。为了推动新能源汽车的健康发展，各国都在制定扶持政策。

（1）美国

1）2007年5月，美国国内收入署（IRS）调整针对环保车辆的税收优惠措施，规定消费者购买通用汽车、福特、丰田、日产等公司生产的符合条件的混合动力汽车，可以享受到250～2600美元不等的税款抵免优惠。

2）2009年推出汽车补贴制度（CARS），即俗称的"旧车换现金"项目。购买低油耗汽车的消费者会获得3500～4500美元的代金券。

3）2009年9月出台的《美国创新战略：推动可持续增长和高质量就业》明确提出

产业布局和政策支持

拨款20亿美元，支持汽车电池技术等的研发和配件产业的发展。

4）目前，政府同时对购买新能源汽车的个人和家庭提供税收减免。对于新购买新能源汽车的消费者，政府可以给予超过同款类型燃油车购买成本1/2的减税。

> **小贴士**

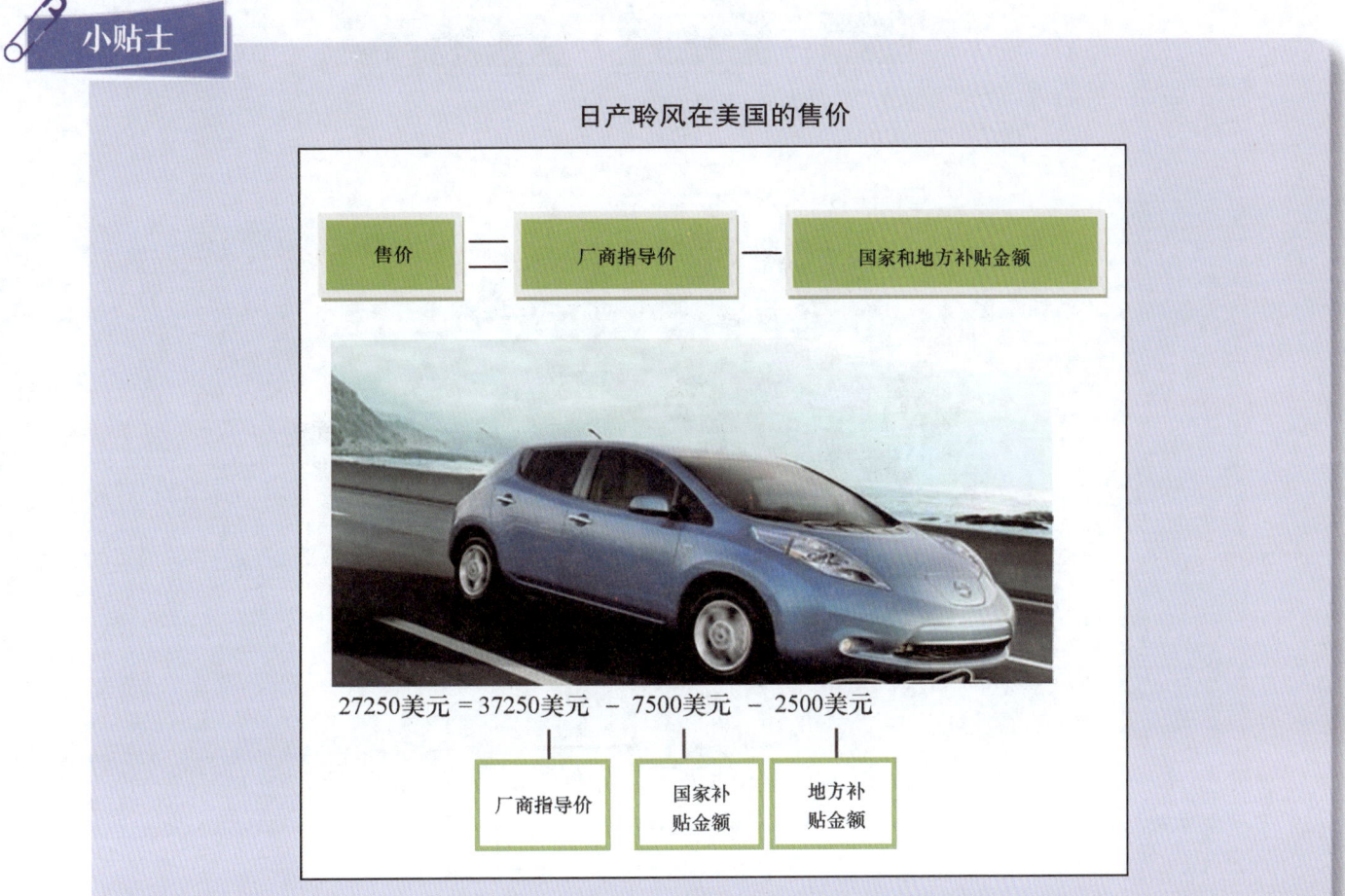

（2）英国

1）2007年修改汽车保有税税制，按单位距离二氧化碳排放量进行有区别的征收，低公害车辆优惠税率为零，高公害车辆可达30%。

2）2009年，英国政府又将混合动力汽车及纯电动汽车的补贴从3000～4000美元的范围提高到了7500美元。

3）2010年政府向"低碳汽车项目"投资3亿英镑以支持新能源汽车的发展。

4）2010年3月发布关于私人购买纯电动汽车、插电式混合动力汽车和燃料电池汽车这三种新能源汽车的补贴细则。在2011年1月到2014年期间，英国政府就投资了2.3亿英镑的财政补贴，单辆车的补贴度大概为购买价的1/4，但不超过5000英镑。

5）2010年提出未来三年内英国政府对建设充电站给予3000万英镑的补助。

小贴士

同时还要返还纯电动汽车车主25%的购车款，以5000英镑为上限。

（3）日本

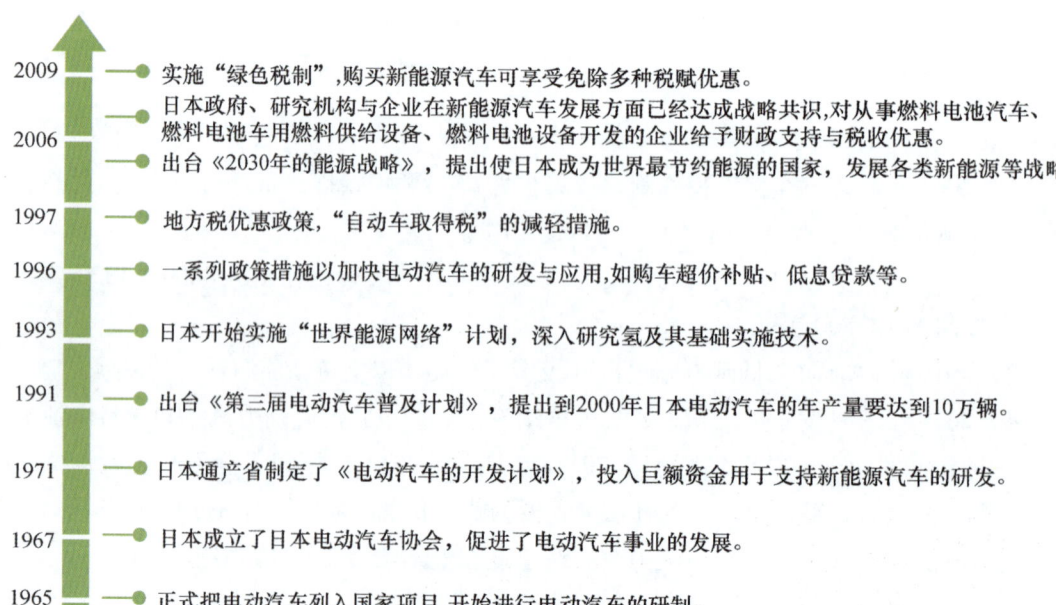

2009年实施的"绿色税制"的优惠税制中,像纯电动汽车、清洁柴油车、混合动力汽车这一类车被定义为"新一代的汽车",同天然气燃料汽车以及获得国家标准的"低排放""低消耗"的车辆均可享受优惠。如:购买像普锐斯这种混合动力汽车可以免除新车100%的重量税和取得税,特殊车辆还可以减免1/2的自动车税,另外是补助金的优惠。

小贴士

日产聆风在日本的售价

售价 ＝ 厂商指导价 － 国家和地方补贴金额

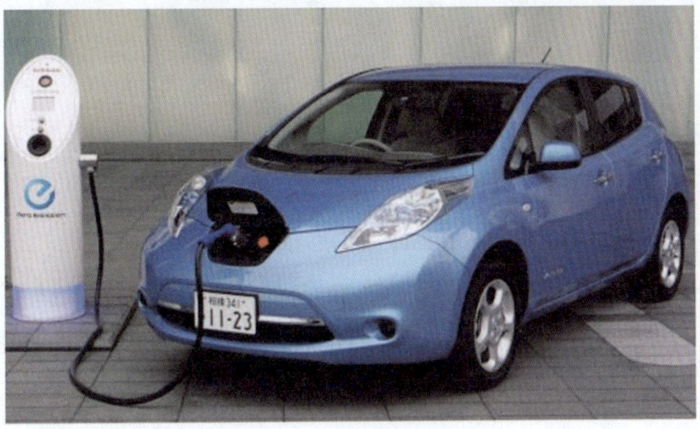

2984250日元 ＝ 3764250日元 － 780000日元

厂商指导价　　国家补贴金额

同时享受免除车辆购置税及汽车重量税等优惠。

2. 发展新能源汽车是我国的战略选择

我国是汽车制造大国,不是汽车制造强国,燃油汽车的核心技术相对落后!

我国燃油汽车核心技术还是产业化水平,与国际先进水平仍有一定的差距,同时我国缺油、少气,自 2003 年超过日本成为居美国之后的世界第二大石油进口国后,石油对外依存度不断攀升,石油安全问题日益突出。

新能源汽车是中国汽车产业转型升级的一个突破口,技术上与国外的差距相对较小,且具备一定的资源优势,是我国的战略选择。发展新能源汽车是我国从汽车大国迈向汽车强国的必由之路。要想成为汽车强国,在新能源汽车引发巨大技术变革的现阶段,我们决不能错过这个机会,争取在新能源汽车发展上,实现弯道超车。

3. 政策为新能源汽车发展保驾护航

我国从 2009 年 2 月推出"十城千辆"计划开始,国务院及财政部、国家税务总局与工业和信息化部(简称工信部)对新能源汽车出台了一系列扶持政策,这些政策促进新能源汽车产业健康有序地发展。

三、是谁在推动新能源汽车的发展

2009年6月17日
- 工信部根据《汽车产业发展政策》等有关规定，制定了《新能源汽车生产企业及产品准入管理规则》，旨在促进汽车产品技术进步，保护环境，节约能源，实现可持续发展，鼓励企业研究开发和生产新能源汽车。

2010年11月1日
- 工信部下发《关于进一步加强轻型汽车燃料消耗量通告管理的通知》，完善汽车燃料消耗量公示制度。工信部将通过"轻型汽车燃料消耗量通告"，定期公告汽车燃料消耗量指标。

2012年6月28日
- 国务院印发了《节能与新能源汽车产业发展规划（2012–2020年）》，明确了10年内我国新能源汽车发展的总体目标和阶段目标，并对新能源汽车发展路线以及扶持政策提出了明确要求。

2014年7月14日
- 国务院办公厅下发《关于加快新能源汽车推广应用的指导意见》，加快新能源汽车的推广应用，有效缓解能源和环境压力，促进汽车产业转型升级。《指导意见》提出了包括总体要求、加快充电设施建设、积极引导企业创新商业模式、推动公共服务领域率先推广应用、进一步完善政策体系等政策措施。

2014年8月1日
- 财政部、国家税务总局与工信部联合发布《关于免征新能源汽车车辆购置税的公告》。《公告》称，对免征车辆购置税的新能源汽车，由工信部、国家税务总局通过发布《免征车辆购置税的新能源汽车车型目录》实施管理。

2014年11月6日
- 财政部、交通运输部、商务部联合印发《车辆购置税收入补助地方资金管理暂行办法》的通知。通知对支出范围和补助标准、资金申请和审核、资金下达、监督管理等涉及到财政资金拨付与使用的各环节，进行了明确规定。

2014年11月18日
- 财政部、科技部、工信部和发展改革委联合印发《关于新能源汽车充电设施建设奖励的通知》。《通知》称，为加快新能源汽车充电设施建设，推进新能源汽车产业稳步发展，中央财政拟安排资金对新能源汽车推广城市或城市群给予充电设施建设奖励。

2015年4月22日
- 财政部、科技部、工信部与发展改革委联合印发《关于2016—2020年新能源汽车推广应用》的通知。四部委将在2016—2020年继续实施新能源汽车推广应用补助政策，在全国范围内开展新能源汽车推广应用工作，中央财政对购买新能源汽车给予补助，实行普惠制。

2015年5月7日
- 财政部、国家税务总局与工信部联合印发《关于节约能源，使用新能源车船车船税优惠政策的通知》。《通知》明确，为促进节约能源，鼓励使用新能源，根据《中华人民共和国车船税法》及其实施条例有关规定，对节约能源车船减半征收车船税，对使用新能源车船免征车船税。

笔记

知识拓展

在国务院 2012 年 6 月 28 日《节能与新能源汽车产业发展规划（2012—2020 年)》中明确了我国新能源汽车发展的技术路线及主要目标。

技术路线		以纯电驱动为新能源汽车发展和汽车工业转型的主要战略取向，当前重点推进纯电动汽车和插电式混合动力汽车产业化，推广普及非插电式混合动力汽车和节能内燃机汽车，提升我国汽车产业整体技术水平。
五项规划目标	产业化	1）2015 年，BEV、PHEV 累计产销量达 50 万辆
		2）2020 年，BEV、PHEV 生产能力达 200 万辆，累计产销量 500 万辆，FCEV、车用氢能源产业与国际同步发展
	燃油经济性	1）2015 年乘用车燃料消耗量将至 6.9L/百公里，节能型乘用车燃料消耗量降至 5.9L/百公里以下
		2）2020 年乘用车平均燃料消耗量降至 5.0 L/百公里，节能型乘用车燃料消耗量降至 4.5L/百公里以下，商用车新车燃料消耗量接近国际先进水平
	技术水平	1）新能源汽车、动力电池及关键零部件技术整体上达到国际先进水平
		2）掌握混合动力、先进内燃机、高效变速器、汽车电子和轻量化材料等汽车节能关键核心技术
		3）形成一批具有较强竞争力的节能与新能源汽车企业
	配套能力	1）关键零部件技术水平和生产规模基本满足国内市场需求
		2）充电设施建设满足重点区域内或城际间新能源汽车运行需要
	管理制度	1）建立起有效管理制度
		2）构建市场营销、售后服务及动力电池回收利用体系
		3）完善扶持政策
		4）形成比较完备的技术标准和管理规范体系
五项主要任务		1）实施节能与新能源汽车技术创新工程
		2）科学规划产业布局
		3）加快推广应用和试点示范
		4）积极推进充电设施建设
		5）加强动力电池梯级利用和回收管理
六项保障措施		1）完善标准体系和准入管理制度
		2）加大财税政策支持力度
		3）强化金融服务支撑
		4）营造有利于产业发展的良好环境
		5）加强人才队伍保障
		6）积极发挥国际合作的作用

4. 补贴：国家、地方一个都不能少

我国为了推动新能源汽车的销售，除了对新能源企业进行支持，还对购买新能源汽车的消费者也进行了补贴。

2013年9月13日

四部委印发了《关于继续开展新能源汽车推广应用工作的通知》明确2013—2015年继续依托城市尤其是特大城市推广应用新能源汽车，对消费者购买新能源汽车给予补贴，对示范城市充电设施建设给予财政奖励。

⬇

2014年1月28日

四部委发布《关于进一步做好新能源推广应用工作通知》减缓了国家财政补助资金的退坡力度，并提出在现有补贴推广政策到期后，中央财政继续实施补贴政策。

全国新能源汽车政策

2013—2020 年我国对新能源汽车的补贴标准　　　　　　（单位：万元）

车辆类型	里程数/R（工况法、公里）	2013 年	2014 年	2015 年	2016 年	2017 年	2018 年	2019 年	2020 年
纯电动汽车	80≤R<150	3.5	3.325	3.15					
	100≤R<150				2.5	2	2	1.5	1.5
	150≤R<250	5	4.75	4.5	4.5	3.6	3.6	2.7	2.7
	R≥250	6	5.7	5.4	5.5	4.4	4.4	3.3	3.3
插电式混合动力乘用车（含增程式）	R≥50	3.5	3.325	3.15	3	2.4	2.4	1.8	1.8
燃料电池乘用车		20	19	18	20	20	20	20	20

除了国家进行补贴外，一些城市尤其是大城市为了进一步促进新能源汽车的销售，在国家补贴的基础上又进行了补贴。

（1）北京

1）补贴标准：国家和北京市以 1∶1 的比例确定补助标准，但需要注意的是，国家和北京市财政补助总额最高不超过车辆销售价格的 60%。

2）其他优惠：新能源汽车单独摇号，直接按申请顺序分发指标。自用充电设施采用"一车一桩"和"桩随车走"，企业免费为车主安装充电桩，物业管理单位须支持自用充电设施建设。

小贴士

东风日产启辰晨风在北京的售价（日产聆风的国产化）

售价 ＝ 厂商指导价 － 国家和地方补贴金额

15.28万元 = 24.28万元 － 9万元

｜　　　　　　　　｜
厂商指导价　　国家和地方补贴金额

同时享受免除车辆购置税优惠。

（2）上海

1）补贴标准：

车辆类型	补助标准/（万元/辆）
纯电动乘用车	4
插电式混合动力乘用车（含增程式）	3
燃料电池乘用车	20

2）其他优惠：浦东新区对拥有浦东新区户籍或目前在浦东新区辖区内法人组织工作并交纳社保1年以上的个人，购买新能源汽车一次性补贴2万元/辆。

（3）广州

补贴标准：地方财政（含省、市补贴）对新能源汽车车辆购置补贴原则上按照与中央2013年补贴标准1∶1的比例确定最高补贴上限。乘用车的中央和地方财政补贴（包含中小客车竞价收入中安排的1万元）总额不超过车辆销售价格的60%。

知识拓展

各地方为了保护城市环境，对汽车上牌进行了限制，但在支持新能源汽车的销售中，不仅对新能源汽车进行补贴，还对新能源汽车上牌在政策上进行大力支持。

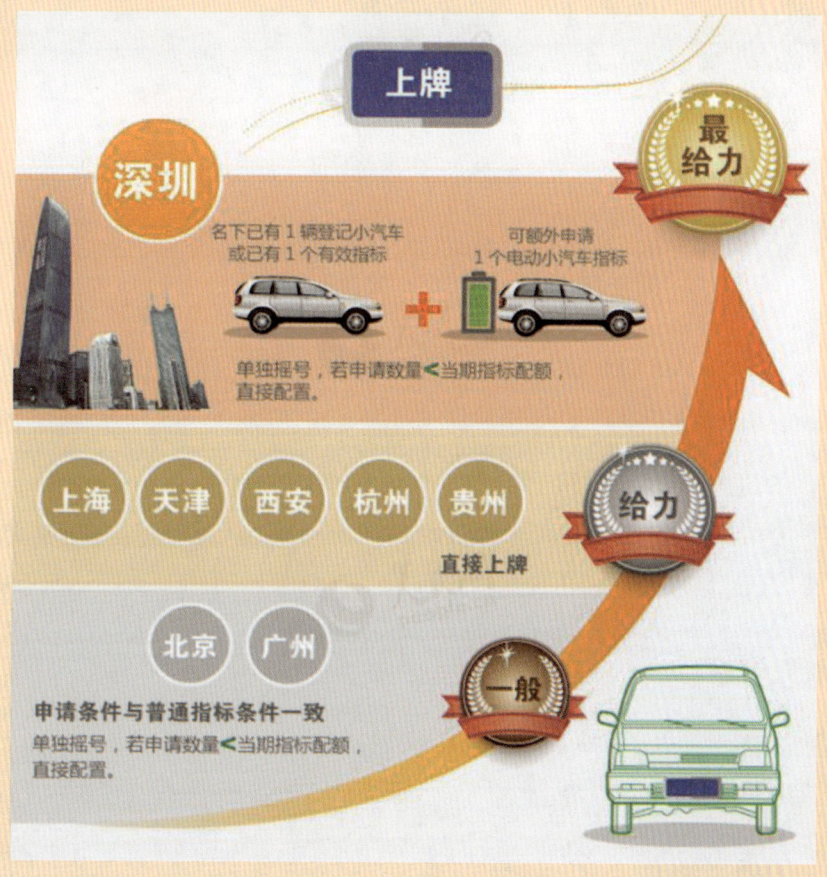

想一想

如果在北京购买北汽新能源汽车EV200，不算保险总共得花多少钱？

四、新能源汽车的未来不是梦

1. 全球企业都在推出新能源汽车

由于传统燃油汽车数量的增长带来了石油能源减少、环境污染、城市噪声等问题，于是新能源汽车得到了飞速发展。从普锐斯油电混合动力汽车的风靡开始，全球的汽车企业都把目光聚焦在新能源汽车上。从2012年到现在，每年新能源汽车的产销量不断攀升。正是看好了新能源汽车的发展，全球汽车企业不断加大对新能源汽车的开发力度。

丰田是全球HEV销量最大的生产企业，截至2014年9月底，混合动力汽车的全球累计销量达到705万辆。在中国市场上，一汽丰田在2020年前将要推出15款全新新能源车型；广汽丰田将在2020年扩充新能源产品数量达到10款，混合动力车型销量占比将达到30%~40%。

大众集团2010年开始推出混合动力汽车，2013年又推出纯电动车大众e-up和大众e-Golf，插电式混合动力车保时捷918Spyder和保时捷Panamera。2015年，卡宴插电混动版、帕萨特插电混动版和奥迪Q7插电混动版问世。

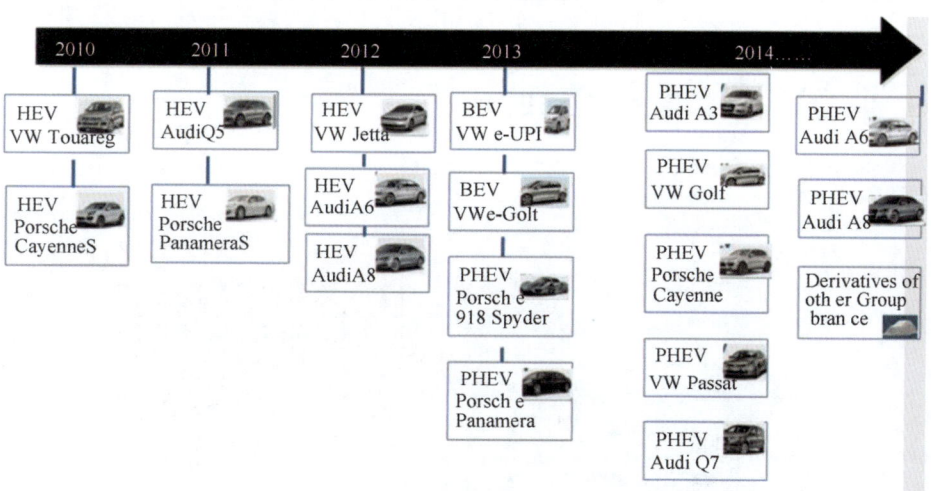

2015年北汽新能源纯电动汽车现有的EV系列、EU260、ES210和威旺307EV，累计实现销售整车2.01万辆，同比增幅达3.6倍，目标市场占有率扩大到25.8%，并且计划到2017年推出11款新车型。

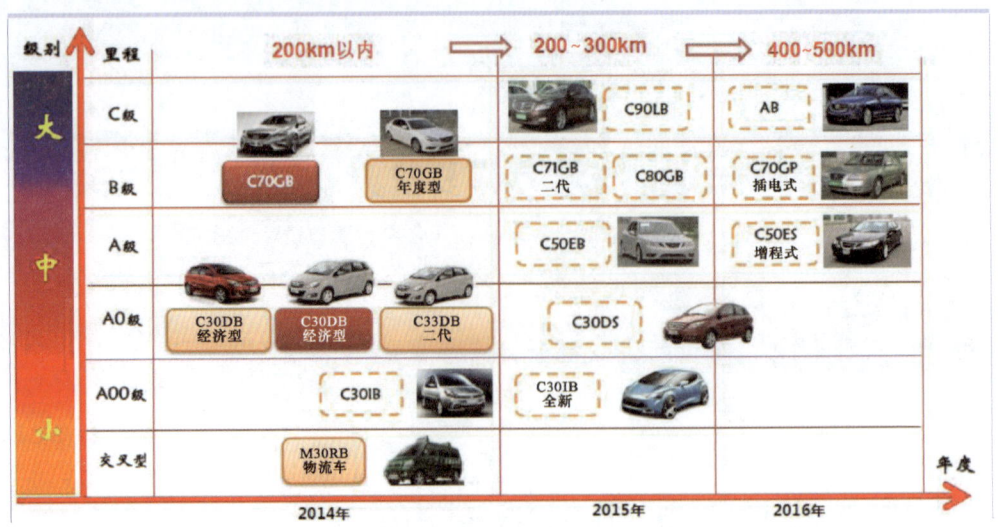

北汽新能源电动车 2015~2017 年产品规划表

车型名称	级别	上市时间
微型电动车	A00 级	2015 年末
微型电动车（标准版）		2017 年初
EA200 经济型	A0 级	2015 年中
全新 EV200		
第三代 A0 级电动车		2016 年中
EU300	A 级	2015 年中
PH300 插电混合动力汽车		2016 年底
新款 ES210	B 级	2016 年初
ER500	C 级	2017 年初
EL150	物流车	2015 年中
微卡	微型卡车	

2. 超乎想象的能量电池

新能源汽车好不好，关键看电池好不好，作为驱动汽车运动的能量源，哈哈，我骄傲呀！

新能源汽车中电动汽车是现阶段的发展重点,而电动汽车的能量来源就是动力电池,自电动汽车诞生以来,动力电池的性能一直是影响电动汽车普及的关键因素之一。现阶段的动力电池已经能够提供足够大的能量,基本解决了汽车的行驶里程问题。

1)电池成本:车载电池组的价格已由2011年的1100美元/kW·h下降到2014年的390美元/kW·h,所以目前电池成本已经下降到市场可以接受的范围。随着技术的进一步发展,电池的成本会进一步的下降。

2008年,据美国国家可再生能源实验室NREL统计,在混合动力汽车PHEV20(即充一次电可行驶20km)中,电池成本占39%,而在PHEV40中,电池成本达到了汽车成本的51%,都远远超过了发动机的成本。

2)重量:电池的能量密度相对于汽油来说较低,因此新能源汽车的电池一般都是数百斤。不过现在的电池重量虽然较重,如比亚迪E6的总重是2295kg,电池重量超过500kg;特斯拉Model S的整备质量为2108kg,其中电池组的重量就占了600kg,但是其行驶里程基本接近汽油车跑完一箱油的行驶里程,并且通过技术的革新正在不断减轻重量,提升能量密度。

理想的动力电池在不久的将来即将出现,它具有以下几个特性:

1. 有足够的能量密度,单位体积、单位重量要有足够的容量,这样才能行驶更远的路程。

2. 有足够的功率密度,单位体积、单位重量能产生足够大的功率,这样车才能加速快。

3. 能量补充速度要快,充电或者换电都要快,要不然就只能限定在城市通勤,白天跑路晚上充电的模式。

4. 使用寿命要长,进行充放电的循环次数要多,这也决定了车辆的使用寿命。

5. 动力电池的成本和平均使用成本要低,寿命和价格综合起来要有竞争力。

6. 电池的稳定性要好。汽车工作的环境很复杂,在高温、严寒以及碰撞等条件下能够保证电池的正常工作。

知识拓展

电池的能量密度肯定不如汽油，但差别究竟有多大呢？

即：一箱50L的汽油大概跑600km，续航同样里程的电动车需要多少电池呢？

汽油比能量为11kW·h/kg
1L汽油约重0.742kg
按车载50L计算，满载是37.1kg，
放出的能量为408.1kW·h

：

三元锂电池比能量为150kW·h/kg
408.1kW·h的能量需电池2700kg
电动机的转化效率大概是
发动机的3倍
相当于900kg锂电池的能量

因此 =

一箱汽油　　　　　　　　　0.9t电池

现阶段的新能源动力电池主要有以下三类：

镍氢电池
优点：安全、可靠
缺点：能量密度低
应用：混合动力车型为主

笔记

锂离子电池
优点：容量密度大
缺点：成本高
应用：主流电动汽车

铅酸电池
优点：便宜可靠
缺点：能量密度低
应用：早期电动车型

其中镍氢电池具有高比功率、电流充放电大、无污染、安全性能好等特点，缺点是具有轻度记忆效应，高温环境下性能差，面临淘汰；铅酸电池质量大，充电放电功能较差，循环寿命短，此外，铅酸电池含有的重金属铅，对环境的污染比较严重，且在强烈的碰撞下会产生爆炸，对消费者的生命安全构成威胁，因此，铅酸电池将会被淘汰；锂离子电池性能比较高，可以快速充电、高功率放电、能量密度高且循环寿命长，但价格高并且高温下安全性能差。

3）电池的能量：是指在按一定标准所规定的放电制度下，电池所输出的电能，单位为 W·h 或者 kW·h。

电池的能量就像洒水车的储水罐，能量越高，在一定标准下的放电的时间就越长。

4）电池的自放电率：又称荷电保持能力，是指电池在开路状态下，电池所储存的电量在一定条件下的保持能力，主要受电池制造工艺、材料、储存条件等因素影响。

自放电率低的电池就像强力胶水，一旦充满电，会一直保持住不掉电。

5）比能量：是指电池单位质量所能输出的电能，单位 W·h/kg。

比能量高的动力电池可以长时间工作，续航里程长。

6）比功率密度：是描述电池在瞬间能放出能量多少的能力，单位 W/kg。

比功率高的动力电池就像百米赛跑的运动员，速度快，可以提供很高的瞬间电流，以保证汽车的加速性能。

3. 三足鼎立的驱动电机技术

电机也是新能源汽车的核心部件，就如燃油汽车的发动机一样。但相对于电池，电机简单不少。

新能源汽车上电机需要具有以下特点：

驱动电机系统的功能

笔 记

起动转矩大
保证汽车的良好起动和加速性能

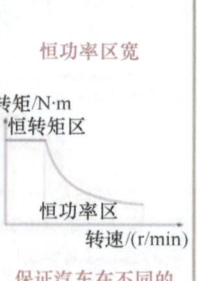
恒功率区宽
保证汽车在不同的速度下都能保持最高的效率

调速范围大
低速时具有大转矩 高速时具有高功率

高效率
效率为85%~93%

能量回收率高

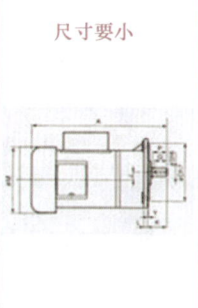
尺寸要小

可靠性要好

制造成本低

现在电动汽车经常采用的驱动电机有直流电机、交流异步电机、永磁同步电机和开关磁阻电机。最早应用于电动汽车的是直流电机，这种电机的特点是控制性能好、成本低，但是体积大、寿命短、维护麻烦，现在已较少采用。而随着电子技术、机械制造技术和自动控制技术的发展，交流异步电机、永磁同步电机和开关磁阻电机表现出比直流电机更优越的性能，使得这三种电机在新能源汽车上得到了广泛的使用。在发展新能源汽车的国家中，各国在电机的选择上各有倾向。

美国倾向采用交流感应电机（即交流异步电机），其主要优点是结构简单、可靠、质量较小，但控制技术较复杂。

★交流感应电机抗高温性能强，环境适应性更佳！
★效率并不低，成本最低。
★转速范围也是最广的。
★缺点是控制稍复杂。

交流感应电机

日本采用永磁同步电机，其优点是效率高、起动转矩大、质量较小；但成本高，且有高温退磁和抗振动差等不足之处。

永磁同步电机

★ 转子的磁场是由永磁体产生的，避免了因生磁而导致的电能损耗。
★ 效率要比其他电机高！
★ 尺寸和质量都偏小，布置更加灵活。

德国大力开发磁阻电机，其优点是结构简单、可靠、成本低；缺点是质量较大，易产生较大噪声。

磁阻电机

★ 没有永磁体和转子绕组，结构简单。
★ 转子耐高温，定子易冷却。
★ 高自感不会瞬间产生大电流，起动转矩较高。转矩脉动和噪声
★ 最为严重。

> **知识拓展**
>
> 1）直流电机：将直流电能转换成机械能（电机）或将机械能转换成直流电能（发电机）的旋转电机。
>
> 定义输出或输入为直流电能的旋转电机，称为直流电机，它是能实现直流电能和机械能互相转换的电机。当它作电动机运行时是直流电动机，将电能转换为机械能；作发电机运行时是直流发电机，将机械能转换为电能。
>
> 2）交流感应电机：三相定子绕组内流过三相对称交流电时，产生旋转磁场，该磁场的磁力线切割转子上闭合导线感应出电流，进而产生电磁转矩而转动起来的电机。
>
> 3）永磁同步电机：是一种交流电机，其定子运行是三相相差120°的交流电，而转子则是永磁体。简单地说是转子采用永磁材料励磁的同步电机。
>
> 4）开关磁阻电机：开关磁阻电机是一种新型调速电机，调速系统兼具直流、交流两类调速系统的优点，是继变频调速系统、无刷直流电机调速系统的最新一代无级调速系统。主要有开关磁阻电机、功率变换器、控制器与位置检测器四部分组成。控制器内包含功率变换器和控制电路，而转子位置检测器则安装在电机的一端。

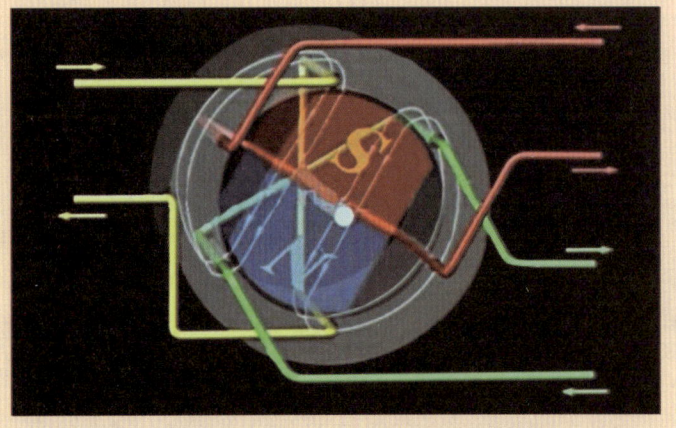

4. 现在的明星——混合动力汽车

在国务院 2012 年 6 月 28 日《节能与新能源汽车产业发展规划（2012—2020 年）》中明确了我国新能源汽车发展的技术路线是重点推进纯电动汽车和插电式混合动力汽车产业化。

混合动力是指那些采用传统燃料同时配以电机和发动机来改善低速动力输出和燃油消耗的车型。按照燃料种类的不同，主要又可以分为汽油混合动力和柴油混合动力两种。目前国内市场上，混合动力车辆的主流都是汽油混合动力，而国际市场上柴油混合动力车型发展也很快。

随着人们对混合动力汽车接受程度的提高，未来的几年仍然是混合动力汽车发展的黄金时期。混合动力汽车比内燃机汽车更环保，而且更舒适。低速起步是靠电机直接驱动，使发动机不再需要怠速运转，减少怠速时对发动机磨损，只要适当踩下加速踏板，电机马上推动汽车行驶，在到达一定负荷之后，发动机才悄悄介入运转工作中。混合动力汽车能大大提高能量的利用率，电能直接转化成磁力机械能，几乎没有能量损失，目前普通汽油发动机的能量转换是 40% 以下，柴油发动机接近 50%，电机的转换是 99.8%，减少了能量浪费。

5. 燃料电池汽车才是真正的主角

燃料电池一般以氢气、碳、甲醇、硼氢化物、煤气或天然气为燃料,作为负极,用空气中的氧作为正极。一般电池的活性物质是预先放入的,电池容量取决于储存的活性物质的量;而燃料电池的活性物质(燃料和氧化剂)是在反应的同时源源不断地输入的,因此,这类电池实际上只是一个能量转换装置。这类电池具有转换效率高、容量大、比能量高、功率范围广、不用充电等优点,但由于成本高,系统比较复杂。

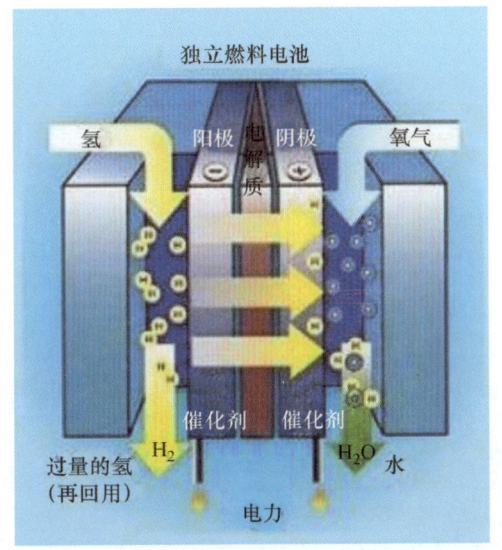

燃料电池虽然叫"电池",但并不能存储电能,而是一种发电装置。燃料电池和传统发电装置最大的不同是通过化学反应发电而不是通过燃料燃烧发电。目前应用最多的氢燃料电池产生的排放物只有水,可以说是零污染。

与纯电动汽车相比,燃料电池汽车具有续航里程长、低温冷起动性能好和能量补充快等优点;燃料电池汽车性能基本满足用户需求,必将成为未来高端纯电驱动车辆主体车型。随着新型非铂催化剂的研制成功和应用,燃料电池汽车成本将进一步降低,市场化进程将大幅提速。

技术参数 车辆类型	整车动力性能	冷起动温度/℃	续航里程/km	能量补给速度/min	整车成本/万元	基础设施情况
燃料电池乘用车	好	-30	800	5	80~150	稀缺
纯电动乘用车	好	-5	200	快充：30 慢充：≥300 换电池：10	30~50	缺
传统内燃机汽车	好	-30	600	5	10	完善

所以汽车业界普遍认同的一个观点，燃料电池技术是内燃机技术最好的替代物，代表了汽车未来的发展方向。

日本	2010年燃料电池汽车达到5万辆	2020年燃料电池汽车达到500万辆	2030年要全面普及燃料电池汽车
	近期又计划在5年内斥巨资开发氢燃料电池科技		
美国	燃料电池电动车曾被美国前总统布什作为"氢经济"论的"法宝"大肆宣传，并且承认燃料电池电动车"不是近期的解决方法，也不是中期的解决方法，而确实是远期的方法"		
欧盟	2008年夏天斥资10亿欧元用于燃料电池和氢能源的研究和发展。此举旨在把燃料电池和氢能源技术发展成为能源领域的一项战略高新技术，使欧盟在燃料电池和氢能源技术方面处于世界领先地位		
	力争在2020年前建立一个燃料电池和氢能源的庞大市场		

知识拓展

燃料电池汽车的优点：

1）能量转化效率高。效率高达50%~60%，通过对余热的二次利用，总效率可高达80%~85%。

2）无污染，可实现零排放。工作过程的唯一产物是水。

3）效率随输出变化的特性好。部分功率下运行效率可达60%，短时过载能力可达到200%的额定功率。

4）运行噪声低，可靠性高。无机械运动部件，工作时仅有气体和水的流动。

5）构造简单，便于维护保养。模块化结构，组装和维护方便；没有运动部件，磨损类故障少。

6）燃料（氢气）来源广泛。制备方法多样，可通过石油、甲醇等重整制氢，也可通过电解水、生物制氢等方法获取氢气。

7）燃料补充方便。可以采用甲醇等液体为燃料，利用现有的加油站系统，采用与汽车加油大体相同的燃料补充方式短时间内完成燃料的补充。

8）环境适应性强。它的功率密度高、过载能力大、可不依赖空气，因此可两栖使用，适应多种环境及气候条件。

6. 取之不尽的能源——太阳能汽车

太阳能发电在汽车上的应用，将能够有效降低全球环境污染，创造洁净的生活环境。以太阳作为能量源，可以说是取之不尽。随着全球经济和科学技术的飞速发展，太阳能汽车作为一个产业已经不是一个神话，并且将来会越来越多地出现在我们的生活中。

（1） 太阳能汽车的基本组成

太阳能汽车主要由太阳能电池组、自动阳光跟踪系统、驱动系统和控制器等组成。

1）太阳能电池组。它是太阳能汽车的核心，由一定数量的单体电池串联或并联组成电池方阵。太阳能单体电池由半导体材料制成，当太阳光照射在该半导体材料时，半导体的电子-空穴对被激发，形成"势垒"，也就是PN结。

由于势垒的存在，在P型硅产生的电子向N型硅移动而带正电，而在N型硅产生的空穴向P型硅移动而带负电，于是在半导体元件的两端产生P型硅为正的电压，即形成了太阳能电池。

太阳能电池的电流大小与太阳光照射强度的大小和太阳能电池面积的大小成正比。车用太阳能电池将很多太阳能电池排列组合成太阳能电池板，以产生所需要的大电流和高电压。

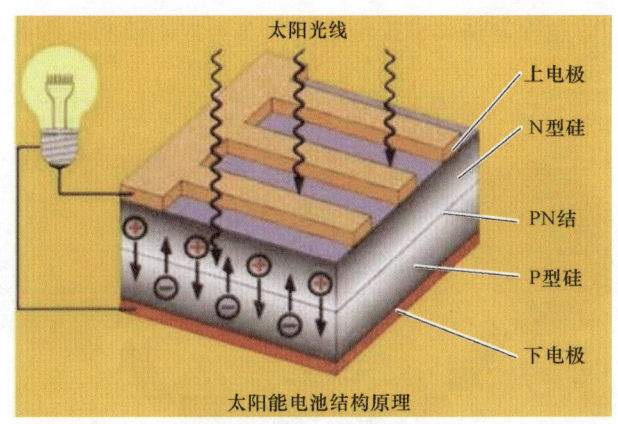

太阳能电池结构原理

2)自动阳光跟踪系统。太阳能电池能量的多少取决于太阳能电池板接收太阳辐射能量的多少,由于相对位置的不断变化,太阳能电池板接受太阳辐射的能量也在不断变化。自动阳光跟踪系统的作用就是保持太阳电池板正对着太阳,最大限度地提高太阳能电池板接受太阳辐射能的能力。

自动阳光跟踪系统就像向日葵追着太阳,让太阳能电池板始终正对着太阳。

3)驱动系统。太阳能汽车采用的驱动电机主要有交流异步电机、永磁电机和直流电机,其驱动系统与电动汽车基本相同。

4)控制器。主要实现对太阳能电磁组进行管理和对电机的控制,其作用与电动汽车控制系统相同。

(2) 太阳能汽车的工作原理

太阳能汽车由太阳能电池板在自动阳光跟踪系统的控制下始终正对太阳,接受太阳光,并转换成电能,向电动机供电,再由电动机驱动汽车行驶,它实际上是一种电动汽车,其工作原理与串联式混合动力汽车(SHEV)基本相同。

由于太阳能电池的能量较小,而且受天气的影响,在阴天、下雨时,太阳能电池的转换效率降低或停止,所以太阳能汽车往往与蓄电池组共同组成太阳能混合动力电动汽车。当太阳强烈,转换电能充足时,由太阳能电池板将太阳能转换为电能后,通过充电器向动力电池组充电,也可以由太阳能电池板直接提供电能,通过电流变换器将电流输送到驱动电机,驱动汽车行驶,其驱动模式相当于串联式混合动力电动汽车

(SHEV)，一般采用智能控制系统来控制其运行。当太阳较弱或阴天时，则靠蓄电池组对外供电。

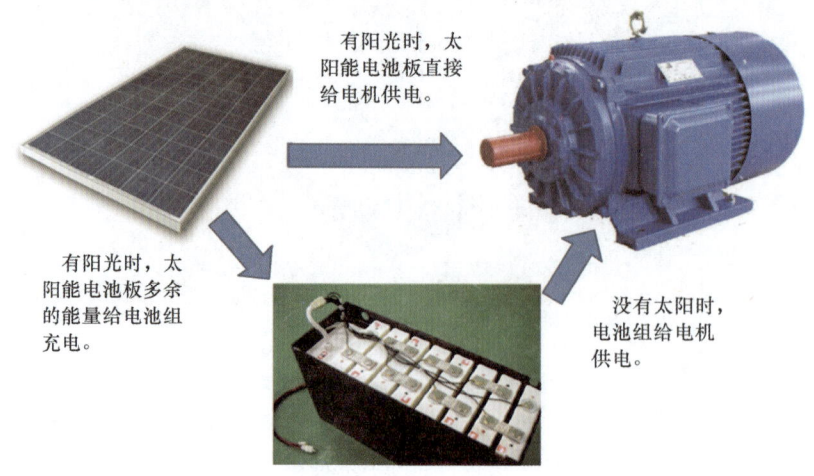

（3） 太阳能在新能源汽车上的应用类型

1）作为驱动汽车能量源：用贴在车体外表的太阳能电池板，将太阳能直接转换成电能，驱动车辆行驶，汽车行驶快慢通过输入电机的电流控制。目前，此类太阳能汽车的车速能达到 100km/h，而在无太阳光天气下最大续航里程也在 100km 左右。

2）太阳能混合驱动汽车：有两套动力系统，汽车外观与传统汽车相似，只是部分表面加装太阳能吸收装置，比如车顶电池板，用于给蓄电池充电或直接作为动力源。车上装有汽油发电机和电动机；电动机用于低速行驶，当车速达到某一速度以后，汽油发动机起动，电动机脱离驱动轴，汽车与普通汽车一样行驶。

3）汽车辅助能源。

① 太阳能用作汽车蓄电池的辅助充电能源。

② 用于驱动风扇和汽车空调等系统。

> **知识拓展**

Luciole（萤火虫）的概念车

日本应庆大学设计了一款叫作 Luciole（萤火虫）的概念车，它的颜色像萤火虫。这款车曾在北京展览过，车顶上贴有近 $1m^2$ 的转换效率较高的光伏板，其作用是辅助给 12V 的电池充电，当 12V 电池充满后，12V 电池又会给主电池充电。电池充满电时，这辆概念车能行驶 800km。

> **想一想**
>
> 想想还能怎么利用太阳能？

（4）太阳能汽车发展的难点

太阳能的采集与转换率低。根据一般的材料应用与技术能力，太阳能转化率只能达到 20% 左右，难以满足汽车高速行驶所需的动力，而过大的太阳能电池板也会导致车身过大而不够灵活，内部空间过于狭小。

五、纯电动汽车跑起来

1. 结构简单灵活的成人玩具车

纯电动汽车的结构主要由驱动系统、汽车底盘、车身以及电气设备等部分组成。除了电力驱动控制系统，其他部分的功能及其结构组成基本与传统汽车相同。

驱动系统主要由电池、电机和电子控制器系统等组成。

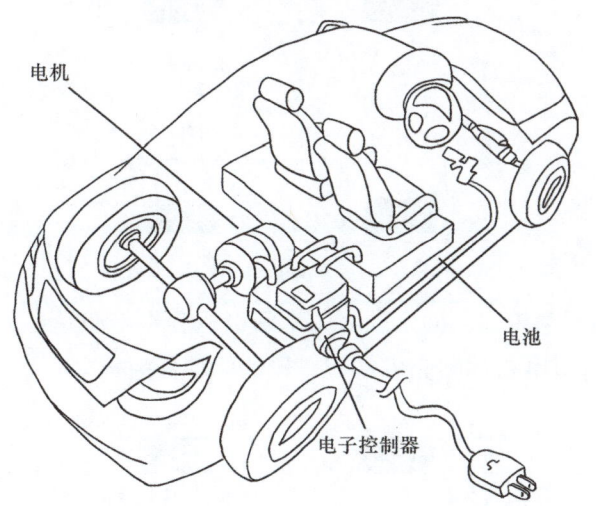

纯电动汽车之所以结构简单，是因为纯电动汽车结构上不需要复杂的发动机和变速器等机械部件；电动汽车之所以灵活，其能量传递主要是通过柔性的电线传递的，因此，纯电动汽车各部件的布置具有很大的灵活性。

（1）纯电动汽车驱动系统的几种布置形式

1）带离合器的传统驱动模式。跟传统的汽车驱动系统基本一样，只是用动力电池和电机取代了发动机。

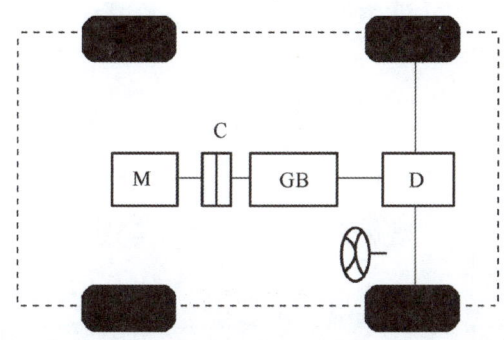

C—离合器 D—差速器 GB—变速器 M—驱动电机

2）固定速比减速器的驱动模式。驱动系统去掉了离合器，电机直接与减速器相连。

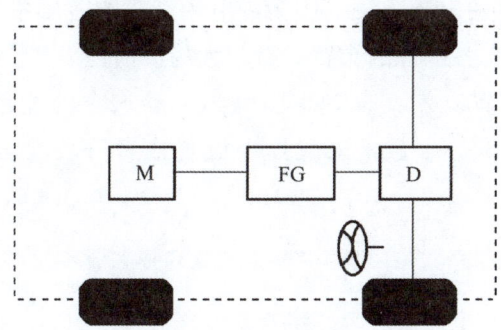

M—电机 FG—固定速比减速器 D—差速器

3)驱动电机与传动同向布置。驱动电机、固定速比减速器和差速器被进一步整合为一体,布置在驱动轴上,整个驱动传动系统被极大简化和集成化。

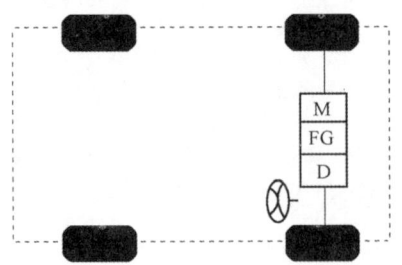

M—电机 FG—固定速比减速器 D—差速器

4)双电机整体驱动桥式。两个独立的牵引电机分别与减速器相连,去掉差速器直接驱动车轮。每个牵引电机单独完成一侧车轮的驱动任务。

M—电机 FG—固定速比减速器

5)轮毂或轮边电机驱动。未来的发展趋势是把车轮与电机集成,进一步减少驱动系统的部件。

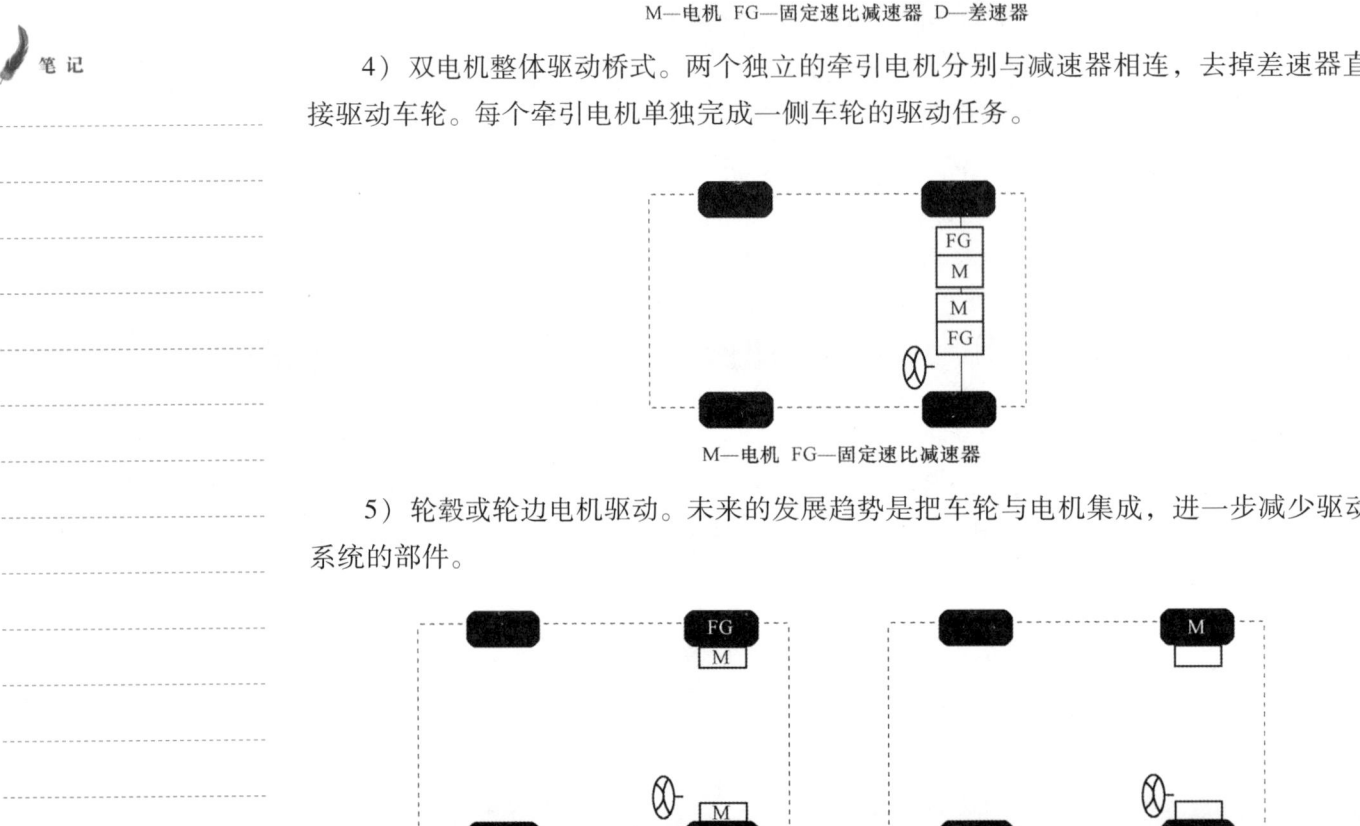

a) b)

M—电机 FG—固定速比减速器

因此与燃油汽车相比,纯电动汽车的结构特点更加灵活,具体如下:

1)电线取代金属轴更轻更方便。因为纯电动汽车的能量主要是通过柔性的电线传递的,因此,纯电动汽车各部件的布置具有很大的灵活性。

2)"油箱"分块布置有效又合理。因为纯电动汽车的能量源是电池组,可以根据动力电池组的形状、大小、数量采取集中放置或者分块布置,有效规划利用车体空间。

（2）纯电动汽车的原理介绍

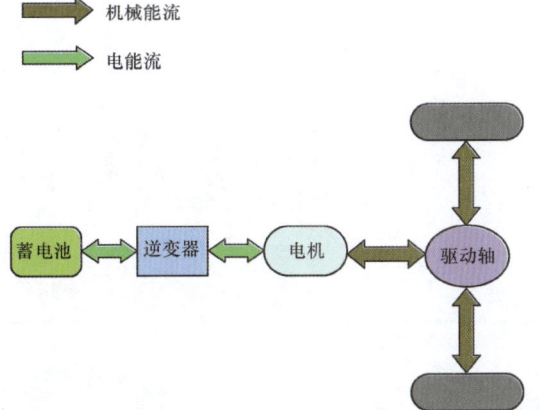

蓄电池向电机提供电能，电机通过机械连接驱动汽车运动；在制动或减速时，电机作为发电机来回收能量给蓄电池充电。

蓄电池输出电能（电流）给驱动电机，电机输出转矩带动车轮前进或者后退。因此，电动汽车的续航里程与蓄电池容量有关。为了提高其工作效率，除了只用蓄电池作为动力源，还有通过安装辅助动力源来提升其动力容量。

纯电动汽车急速发展，目前各模块已从分箱多块集成为一体。

知识拓展

大功率的超级电容器对于电动汽车的起动、加速和上坡行驶具有极其重要的意义。超级电容器（super capacitor）极低的比能量使得它暂时不可能单独用作电动汽车能量源，但作为辅助能量使用具有显著优点。在汽车起动和爬坡时快速提供大电流及大功率电流，在正常行驶时由驱动电源快速充电，在制动时快速存储发电机产生的大电流，这可减少电动汽车对蓄电池大电流充电的限制，大大延长蓄电池的使用寿命，提高电动汽车的实用性。

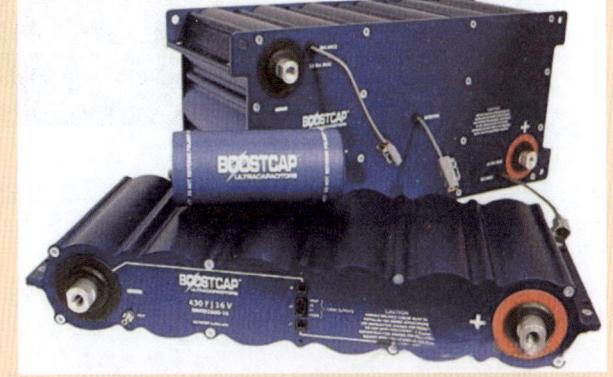

超级电容器又叫电化学电容器、双电层电容器，是一种新型的电容器，它的出现使得电容器的极限容量骤然上升了3~4个数量级。它不同于传统意义上的电容器，它类似于充电电池，但比传统的充电电池（镍氢电池）具有更高的比功率和更长的循环寿命，其比功率可达到1kW/kg数量级以上，循环寿命在万次以上（使用年限超过5年）。

2. 心脏——电机及其控制系统

神经中枢——电控系统

笔记

嘿嘿，即使拥有再牛的噪声控制技术的燃油发动机，也敌不过我那轻盈的运转声音。

电机
运转平顺、噪声极小

发动机
运转抖动、噪声大

电机（Motor）是把电能转换成机械能的一种设备。电机就像是传统汽车中的发动机，其主要任务是在驾驶人的控制下高效率地将动力电池存储的电能转化为车轮的动能来驱动车辆，或者在制动时，将车轮上的动能转化为电能，反馈到动力电池中，以实现车辆的制动能量回收。电机的优劣关系着电动汽车能否安全、可靠、高效地运行。

电机=电动机+发电机

电机的转矩输出要比内燃机好

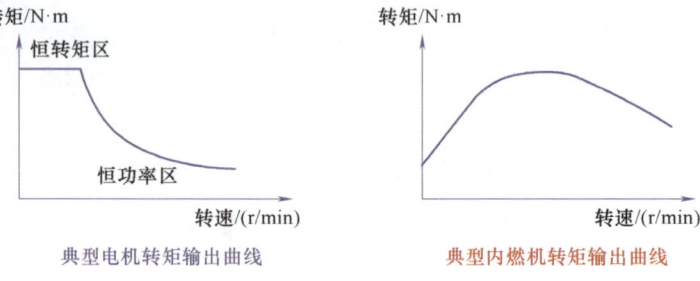

典型电机转矩输出曲线　　典型内燃机转矩输出曲线

从上图可以看出，电机在中、低转速时转矩输出恒定，且数值较大，具有良好的加速性能。内燃机在中高转速时效率最高，随着速度继续增加，效率逐渐降低。

电机与内燃机在输出功率相近时，电机的优势很明显，电机体积小、重量轻、效率高，而且运动部件少、噪声小、维护保养费用低。

但是纯电动汽车所采用的电机跟一般工业上的机械设备所采用的电机又有很大的不同。

项目	工业应用电机	汽车应用电机
封装尺寸	空间不受限制，可用标准封装配套各种应用	布置空间有限，必须根据具体产品进行特殊设计
工作环境	环境温度适中（-20~40℃），振动较小	温度变化大（-40~105℃）
可靠性要求	较高，以保证生产效率	很高，以保障乘车者的安全
冷却方式	通常为风冷（体积大）	通常为水冷（体积小）
控制性能	多为变频调速控制，动态性能较差	需要精确的力矩控制，动态性能较好
功率密度	较低（0.2kW/kg）	较高（1~1.52kW/kg）
总体性价比	一般	极高：既要性能好，又要价格便宜

结合汽车的工作特点，现在电动汽车普遍采用直流电机、交流异步电机、永磁同步电机和开关磁阻电机。直流电机因为其系统总成本低曾经被广泛使用，但是其缺点也很明显：寿命短，维护麻烦。随着技术发展，交流异步电机、永磁同步电机和开关磁阻电机的表现已经取得了广泛认可。

电机控制器用于检测和控制电机转速、功率变化和温度等参数。利用这些参数和驾驶人发出的加速、制动踏板命令，将电池提供的直流电转换成用于控制驱动汽车的交流电，实现电流的逆变，从而完成对电机驱动转矩和旋转方向的控制。

当汽车加速或匀速行驶时，电机控制器使电机工作在电动机状态，驱动汽车前行。

当驾驶人踩下制动踏板、汽车减速行驶时，电机控制器使电机工作处于发电机状态，进行能量回收。

想一想

电动汽车还分为手动档和自动档吗?

知识拓展

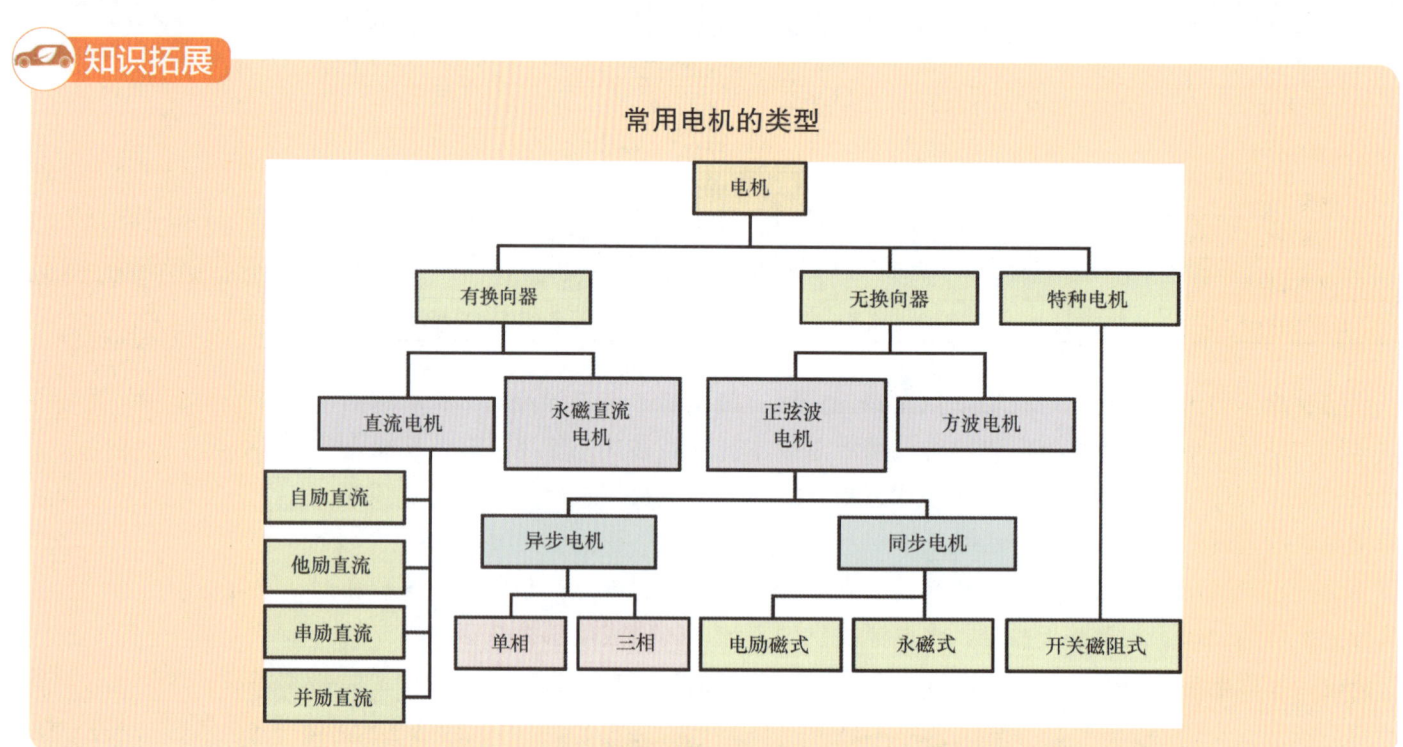

常用电机的类型

3. 神经中枢——电控系统

扫一扫

电动汽车跑起来——
整车控制器

整车都布满了神经,电控系统就是我的大脑。我不仅仅是头脑灵活,身手也不错哟!

纯电动汽车电控系统是电动汽车的大脑，由各个子系统构成，每一个子系统一般由传感器、信号处理电路、电控单元、控制策略、执行机构、自诊断电路和指示灯组成。在不同类型的纯电动汽车上，电控系统存在一些区别，但总体来说一般都包括能量管理系统、再生制动控制系统、电机驱动控制系统、电动助力转向控制系统以及动力总成控制系统等。各个子系统功能不是简单的叠加，而是综合各子系统的功能来控制电动汽车。

整车电控单元相当于人的中枢神经系统——大脑，各个传感器相当于人的神经末梢，而LIN总线和CAN总线相当于人的神经网，其他的各个控制模块相当于各个神经网上的各小型神经系统，如运动神经和内脏神经等。通过神经网把车上的各个模块联系在一起，使中枢神经能够很方便快捷地接收和发送各种指令，控制汽车进行各种动作，如下图。

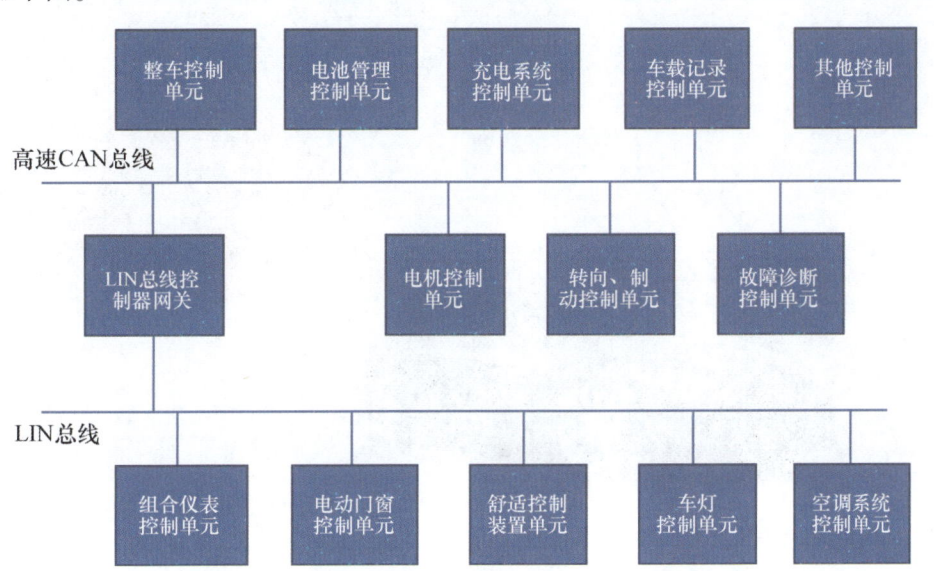

随着技术的发展，采用新一代线控技术（X-by-wire）的电动汽车中，CAN总线技术也不能满足分布式控制系统对通信精确性、稳定性和可靠性的要求。一些高传输速率、高可靠性、通信时间离散度小且延迟固定的车用总线协议开始应用，如FlexRay、TTCAN等。

知识拓展

线控技术（X-by-wire）：在控制单元和执行器之间用电子装置取代传统的机械连接装置或液压连接装置，由电线取代机械传动部件，取消了机械结构，赋予汽车设计新的空间。线控系统的基本结构原理是：驾驶人的操纵指令通过人机接口转换为电信号传到执行机构，控制执行机构的动作；传感器感知功能装置的状态，通过电信号传给人机接口，反馈给驾驶人。

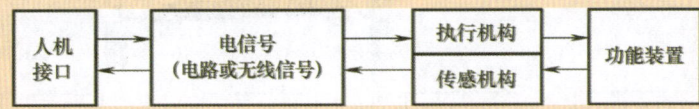

FlexRay总线：是一种用于汽车的高速、可确定性的，具备故障容错能力的总线技术，它将事件触发和时间触发两种方式相结合，具有高效的网络利用率和系统灵活性特点，可以作为新一代汽车内部网络的主干网络。

CAN 总线：控制器局域网络（Controller Area Network，CAN）的简称，是德国 BOSCH 公司 20 世纪 80 年代初为解决现代汽车中众多的控制与测试仪器之间的数据交换而开发的一种串行数据通信协议，它是一种多主总线（多个主机的一种总线通信方式），通信介质可以是双绞线、同轴电缆或光导纤维。通信速率最高可达 1Mbit/s。

TTCAN 总线：是一种基于 CAN 总线充分利用时间触发与事件触发两种机制优点的新型协议，其具有带宽利用率高、通信延时低以及消息传输可管理等特点。

4. 速度控制其实比你想的要容易

与燃油汽车变速时复杂的档位变化不同，纯电动汽车的变速就和收音机音量调节一样，调节制动和加速踏板类似于调节音量按钮，通过改变所提供的电能多少进行速度调节。

驾驶人踩下加速踏板 → 传感器检测踏板移动量 →CAN总线→ 检测结果传送到电控系统 →CAN总线→ 电控系统向电机控制器发出指令 → 电机控制器计算电机的各项指标控制电机工作

在踩加速踏板和制动踏板时,改变电阻和电流的大小,通过这样的电能形式在汽车的内部各控制系统中进行信息传递。

纯电动汽车从静止到起步行驶只有一个简单的动作:将加速踏板一踩到底。

知识拓展

为什么电动汽车不需要变速器?

不论是手动档还是自动档的燃油汽车,换档是为了满足汽车不同工况的需求。而电机的大范围调速和较高的过载系数等工作特性决定了它不需要变速器,只是在汽车起步和起步后的低速行驶时,使用一台减速器使电机满足低速大转矩工况要求。

未来的电机可能连减速器也不需要,当技术发展到使电机的功率范围和转速范围被设计成能够满足汽车低速大转矩、高速大功率的行驶需要时,电机就可以直接驱动车轮了。

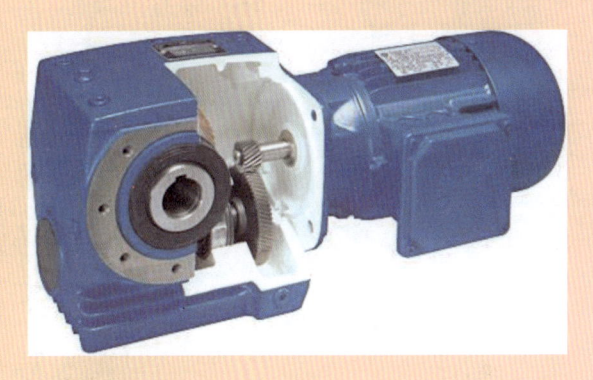

5. 制动还能充电

小贴士

制动时间影响回收能量的效率,总的来讲,制动时间越长,能量回收越多。

笔记

燃油汽车在减速或者制动时,通过制动系统制动作用,将车辆行进的动能转化为热能浪费掉了。

而电动汽车在踩制动踏板减速时,汽车的惯性使得车轮带动电机(此时已经成为发电机)转动并为蓄电池充电。这使得被浪费掉的运动能量转变为电能补充给电动汽车,实现了制动能量的回收。

不要以为我只是电动机哟。我其实既是电动机,又是发电机。

想一想

电动机与发电机一样吗?

电动机是把电能转化为机械能,工作原理是通电导体在磁场中受力。

发电机是把机械能转化为电能,工作原理是利用电磁感应现象,转子切割磁场产生电流。

结构上看,发电机和电动机一样,主要由定子和转子组成。

从结构上和工作原理上可以看出,电动机和发电机是可逆的,发电机或电动机中的定子上加额定电压,转子就会旋转,用外力使发电机或者电动机的转子旋转,定子就能发电。所以,当汽车减速或者制动时,切割磁场,产生电流,电动机就转变为发电机。

6. 能量源——动力电池

动力电池是纯电动汽车的核心部件之一，动力电池也是影响电动汽车实用化进程的关键因素之一。动力电池的性能直接影响纯电动汽车跑得远不远。

电池容量 82kW·h　行驶里程 400km

电池容量 85kW·h　行驶里程 500km

电池容量 30.4kW·h　行驶里程 200km

电池容量 24kW·h　行驶里程 180km

> **知识拓展**
>
> 如何进行动力电池的回收再利用?
>
> 目前动力电池的回收利用主要采取两种方式:一是动力电池的梯次利用;二是废旧电池的资源回收再利用。
>
> 电动汽车对动力电池性能要求较高,一般情况下电池存储量仅为出厂状态的 80% 的时候,就不再适合高性能的纯电动汽车。但是这些电池可以用于低速电动汽车,或者用于发电厂的储能电池,尤其是可以应用于风力发电、太阳能发电等新能源领域,还可以用于家庭或者其他建筑的储能电池,这就是动力电池的梯次利用。当电池彻底不能再进行利用时,就要报废。废旧的动力电池中的有色金属含量远高于原生矿工业品质,因此对废旧电池的资源回收具有很高的经济和社会意义。

7. 纯电动汽车的宠儿——锂电池

汽车宠儿——锂电池

现在常用的动力电池有镍氢电池、锂电池和铅酸电池。

除了这些常用的动力电池外还有镍镉电池、钠硫电池和空气电池等。这些动力电池的性能见下表。

电池类型	比能量/(W·h/kg)	比功率密度/(W·h/L)	比功率/(W/kg)	循环寿命/次	成本/(美元/kW·h)
铅酸电池	30~45	60~90	200~300	400~600	150
镍镉电池	40~60	80~110	150~350	600~1200	300
空气电池	190~250	190~270	105	NA	90~120
镍氢电池	60~80	120~160	550~1350	1000	NA
钠硫电池	100	150	200	800	250~450
锂电池	90~130	140~200	250~450	800~1200	200

通过上表的对比可以看出,锂电池性能比较高,可以快速充电、高功率放电、能量密度高且循环寿命长,不足是价格高和高温下安全性能差,但是随着锂电池的正负极材料不断开发,技术不断成熟,锂电池将在电动汽车时代发挥主导作用。

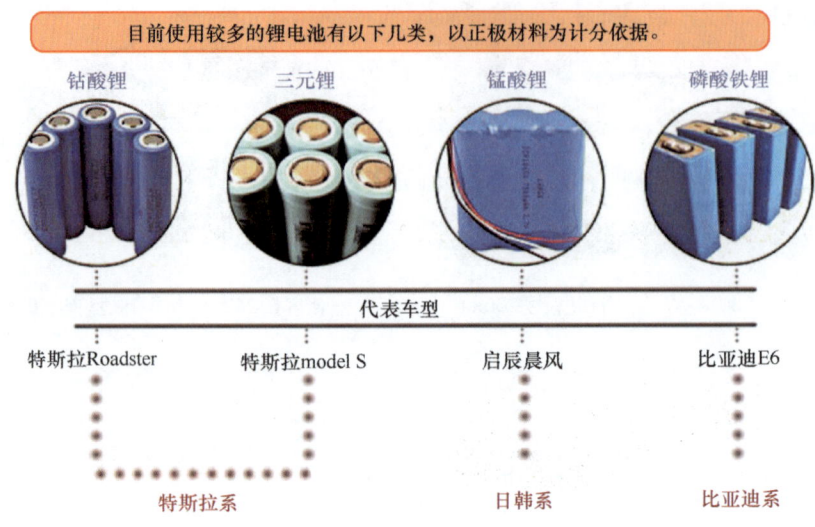

下表列出了四类锂电池的主要性能指标差别。

	钴 酸 锂	锰 酸 锂	三 元 锂	磷 酸 铁 锂
正极材料稳定性	180℃分解	分解温度高于钴酸锂	分解温度高于钴酸锂	600℃仍稳定
循环寿命	最短	一般	短	最长
容量/（W·h/kg）	150～160	100～110	150～200	100 左右
价格	中	最低	低	低

从上表可以看出，这四类锂电池各有优劣。因此各大汽车厂商根据需要可选择不同的类型

钴酸锂电池 ——并不适合做动力电池

特斯拉roadster

★钴酸锂是锂电池正极材料的鼻祖。
★钴酸锂在3C市场中占90%的份额。
★核心优点是容量密度大。
★缺点是稳定性不够。

数码电子产品对于锂电池安全性要求不高，故钴酸锂电池最合适的其实是 3C 领域，特斯拉敢于使用此类电池也是为了得到超强的续航能力，但同时其安全性能要打些折扣。

锰酸锂电池 ——并不适合做动力电池

日产-聆风

★锰酸锂电池是目前主流动力电池。
★日韩、欧美、国内均有企业采用。
★能量密度中等，价格便宜，寿命一般，安全环保，没有专利限制。
★日韩系的锰酸锂电池技术领先全球。

锰酸锂电池因其不偏不倚的特征赢得动力电池最大的市场占有率，虽然其能量密度不如钴酸锂和三元锂，但其他综合性能相当出色。

可以看出不管是哪种锂电池，在市场上都有厂商在使用，因为其各自的优缺点都很明显。但是因为在能量密度上三元锂电池有很大的优势，这是决定电池容量很重要的指标，因此三元锂电池在市场上越来越受到各大厂商的青睐。

三元锂电池 ——冉冉升起的新星

特斯拉-model S

★三元锂电池是指正极材料使用镍、钴、锰三种正极材料按一定比例混合搭配的锂电池。
★能量密度可达最高。
★安全性差，但优于钴酸锂。

如果说国内把锂电池的发展重心放在了磷酸铁锂上，国际动力锂电池行业的新星非三元锂电池莫属。其比钴酸锂有更高的能量密度且成本低于钴酸锂，安全性也好于钴酸锂。

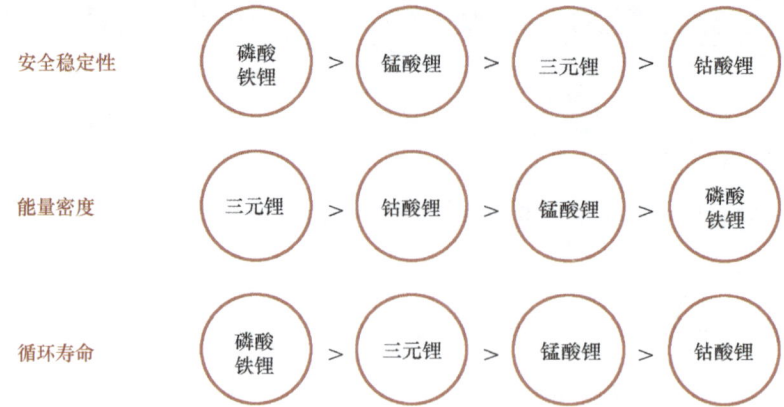

知识拓展

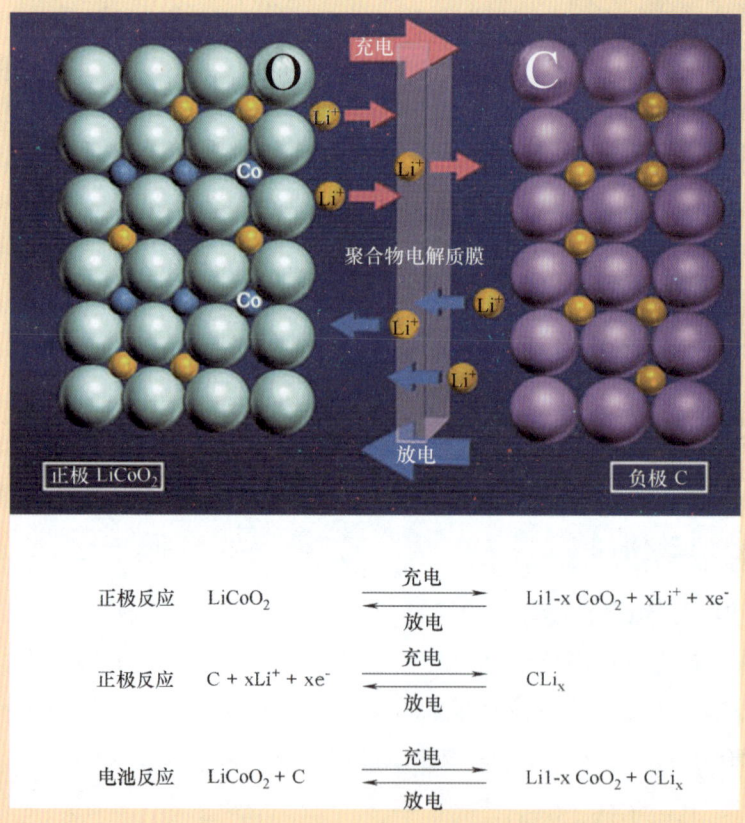

在充放电的过程中，锂离子在电池正负极间往返流动。放电时，负极上释放锂离子，流向正电极并被吸收，充电时过程与之相反。

8. 能量收取自如的电池管理系统

电池管理系统（Battery Management System，简称 BMS）是连接车载动力电池和电动汽车的重要纽带，一般由各种传感器（用于测量电池电压、电流和温度等）和一个带微处理器的控制单元等部件组成。其主要功能包括：电池物理参数实时监测，电池状态估计，在线诊断与预警，充、放电与预充控制，均衡管理和热管理等。

 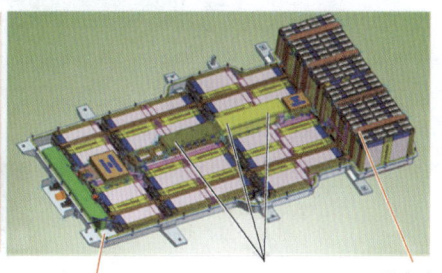

动力电池箱　电池管理系统　动力电池模组

纯电动汽车是把大量的单个电池通过串联和并联的方式组成电池组，形成能输出高压电、大电流的电源，加上汽车的运行环境多变，因此对动力电池箱的散热、防水、绝缘设计要求很高。

BMS 的作用相当于动力电池的大脑，它不仅要保证电池安全可靠地使用，而且要充分发挥电池的能力和延长使用寿命，作为电池和整车控制器以及与驾驶人沟通的桥梁，通过控制接触器控制动力电池组的充放电，并向整车控制器提供动力电池系统的基本参数及故障信息。

1）监控与动力电池自身安全运行相关的状态参数（如电压、电流、温度）。

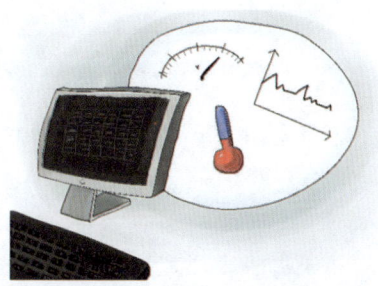

2）报告运行状态参数 SOC（State Of Charge，荷电状态）和 SOH（State Of Health，健康状态），提示电池剩余电量和相应剩余行驶里程。

3）电池组工作环境适应性的热管理。

4）动力电池充放电管理，避免出现过放电、过充电和单体电池之间电压严重不平衡现象。

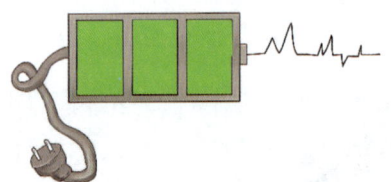

简单的说就是同型号单个电池之间的重量、电压、内阻等关键指标的偏差程度。偏差越大一致性越差。

世界上没有完全相同的两片树叶，更何况是人工制造的电池呢？

一致性差会导致什么问题呢？

电池组串、并联在一起越多，不一致性放大倍数越大，电池寿命越短。

为了尽量减少不一致性，无论是充电状态还是放电状态，BMS都会管理电池电压和温度的不均衡性，避免妨碍动力电池的性能发挥。在充电状态下，极易出现电压、温度不均衡状态，BMS通过电压比较的控制电路，使得电压较低的单体电池充电电流增大，而让电压较高的电池单体充电电流减小，进而实现电压均衡的目的。

　　SOC（State Of Charge，荷电状态）：电池使用一段时间或长期搁置不用后的剩余容量与其完全充电状态的容量的比值，常用百分数表示。其取值范围为 0~1，当 SOC=0 时表示电池放电完全，当 SOC=1 时表示电池完全充满。

　　SOH（State Of Health，健康状态）：电池的健康度表示了电池容量、健康度、性能状态和寿命的信息。为蓄电池最大放电容量相对额定容量的百分比，新出厂电池为 100%，完全报废为 0。

9. 没发动机还需要冷却吗

纯电动汽车上主要是电机、电池和电机控制器的温度控制,而这三者恰好都会产生热量,如果降温不及时,会对纯电动汽车产生严重的后果。

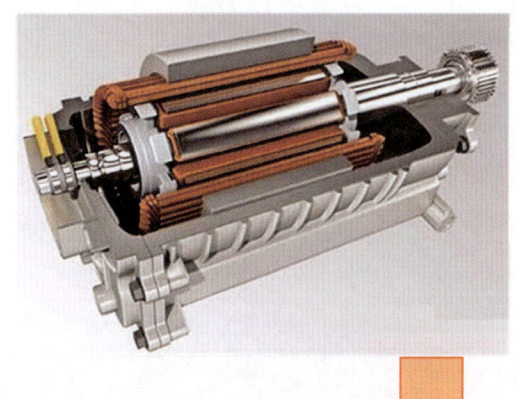

电机在起动、运行过程中,内阻上会有大电流通过,产生很大的热量。

1)电机效率下降。如果温度过高,会造成内部烧蚀甚至击穿,导致电机损坏。
2)温度过高,会导致电机里的磁性材料的稳定性下降,磁性降低,甚至磁性消失,导致电机损坏。

(1) 电机和控制器的冷却

电机的冷却方式有液冷和风冷两种,常见的是风冷。

电机冷却系统由冷却液回路和冷却风流道两个体系构成。

冷却液在流经电机控制器、电机等热源时,热源通过热传导将热量传递给冷却液。高温冷却液通过电动水泵提供的动力流经散热器时将热量通过热传导传递给散热器芯体。冷却空气通过热对流将热量带走,完成换热过程。

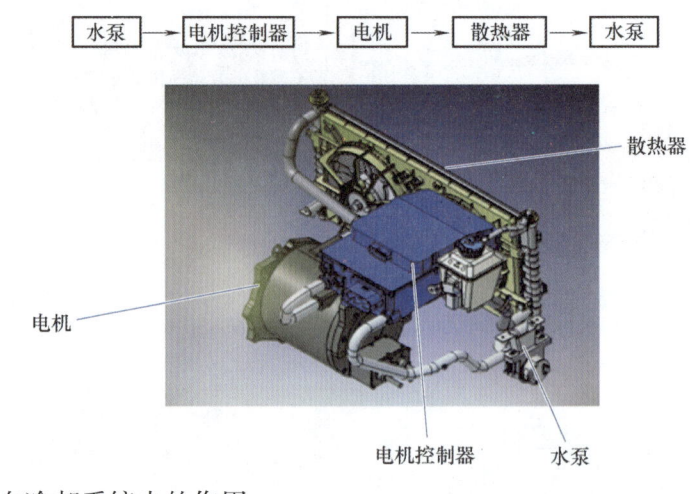

膨胀水箱在冷却系统中的作用:

1) 提高冷却液沸点。
2) 提供冷却液加注口。

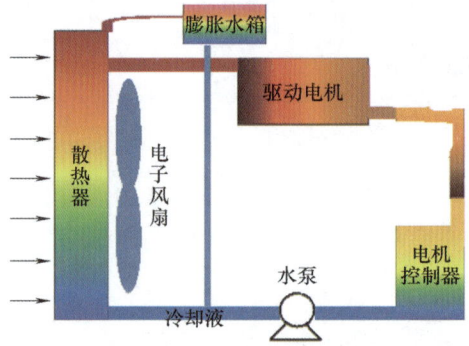

(2) 动力电池的冷却

目前动力电池组的管理系统主要采用的冷却方法有气体冷却法、液体冷却法、相变材料冷却法和热管冷却法等。

1) 气体冷却法。气体冷却法一般采用空气作为传热介质,直接把空气引入动力电池,使其流过动力电池达到散热目的。

常见的几种风冷方式如下：

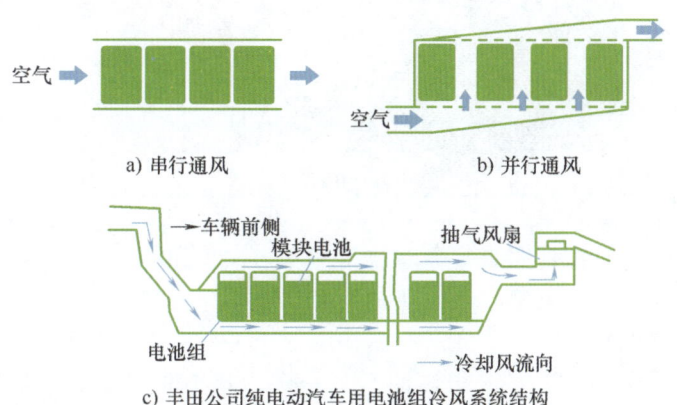

a) 串行通风　　b) 并行通风

c) 丰田公司纯电动汽车用电池组冷风系统结构

串行通风一般是使空气从电池包一侧流往另外一侧，从而带走热量；并行通风是电池组并排的情况下，空气从每个电池组旁边流出以带走热量；丰田公司纯电动汽车风冷系统是气流被引导进入电池包后，被分为若干平行流，为电池降温。

2）液体冷却法。液体冷却法是以液体为介质的传热，在动力电池组与液体介质之间建立传热通道（如水套），以对流和导热两种形式进行间接式加热和冷却，传热介质可以采用水和乙二醇，甚至是制冷剂，也有把动力电池组沉浸在电介质的液体中直接传热，但必须采用绝缘措施以免发生短路。

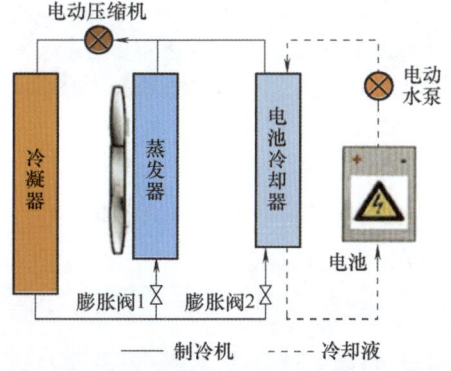

3）相变材料冷却法。近年来在国外和国内出现采用相变材料（PCM）冷却的动力电池热管理系统，针对动力电池在充电时吸热、放电时放热的特点，在全封闭的动力电池单体之间填充相变材料，靠相变材料的融化或凝固来工作。

4）热管冷却法。T. P. Cotter 等人提出了微型热管和小型热管的动力电池热管理论，M. S. Wu 等曾用带一个延展板的冷凝管来使镍氢电池组或锂离子电池得到有效散热。

10. 纯电动汽车能可靠驾驶吗

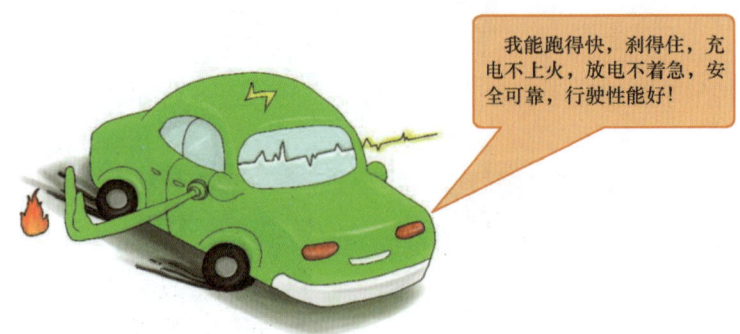

纯电动汽车的可靠性其实很早就被大家接受了，城市里的有轨电车都是利用高压电气系统作为车辆的动力电源，人们在乘坐时很安心，同样在纯电动汽车的可靠性上，大家也完全没必要担心。

纯电动汽车的安全性能要求跟燃油汽车一样，其功能与传统汽车也一致，由于其动力电源和电机的特殊性，需要考虑到特殊的安全性，主要集中在以下几个方面：

1) 高能量动力电池系统的安全。
2) 高压电器系统带来的潜在触电危险。
3) 整车质量重，导致其机械结构是否牢固可靠的隐患。
4) 大量电力电子系统的电池辐射隐患。

经过实践验证，电动汽车完全能解决以上四点安全顾虑。

高压电技术标准高

技术标准可有效防止人员触电。高压电气系统是纯电动汽车的标志之一。所有的纯电动汽车都要符合GB/T 18384—2015《电动汽车安全要求》系列标准和GB/T 18487—2015《电动车辆传导充电系统》系列标准。

碰撞等级高

电动汽车碰撞等级评价要求不降低。国际上,美国、欧盟、日本和我国对电动汽车的碰撞安全要求和实验方法基本与传统汽车相同,市场上合法销售的纯电动汽车,都经过同样严格要求的碰撞安全检测。

辐射强度低

纯电动汽车电池辐射强度与常用家电一样。在欧盟资助下,由挪威科技工业研究所主导,7国科学家共同参与开展针对电动汽车电池安全的全面研究。研究表明电动汽车的磁感应强度与内燃机汽车没有显著差别,测量结果也远远低于国际公认的安全水平。

> **知识拓展**
>
> WHO（世界卫生组织）从 1996 年起，花费了大量的人力物力全面评估了电力设备电磁场对人类的影响，其得出的结论是"公众通常遇到的低频电磁辐射情况，都不会影响健康问题"，并且划定了 100μT 的磁场限值，而我国环境评价标准也将限值定为了 100μT。同时 WHO 也已经明确，在环境中极低频场的存在形式为"电场"和"磁场"，较低频率的电磁波定义为"电磁场"；而只有非常高频率的电磁波才可称为"电磁辐射"。对于我们生活的周围环境所接触到的电磁场来说，称为"电磁辐射"实际上是错误的，很容易对人造成认知上的误导，所以 WHO 反对错误引用"电磁辐射"概念，以免引起混淆。

11. 纯电动汽车跑得快吗

> 纯电动汽车的最高速度是 370km/h，0~100km 加速时间为 4.2s，0~160km 加速时间不超过 7s，嘿嘿，知道电动车跑得快了吧！

上面这款电动汽车名为"艾利卡"（Eliica）。车体长约 5m，车宽不到 2m，重量 2400kg，可以坐 5 个人。车子采用子弹型设计，驾驶舱适合高速驾驶，底盘比较低，离地面最近处只有 8cm，狭窄的底盘更进一步降低了汽车的自重。"艾利卡"一共有 8 个轮子，每个轮子都单独有一个驱动。该车的动力来源于大型锂电池。

现在最高车速已经成为纯电动汽车获得认可的重要标志之一，一般的电动汽车的最高车速为 100~300km/h，与传统的内燃机汽车相比，已经基本满足了驾驶人的需求，由电机与典型内燃机的转矩输出曲线我们可以看出使用电机的纯电动汽车在低速时，其转矩明显高于内燃机，加速性能也要好于内燃机汽车。

对比特斯拉（TESLA Model S）和保时捷（Porsche 911 Carrera）的转矩输出曲线图，可以看出电机和发动机的转速范围不一样。

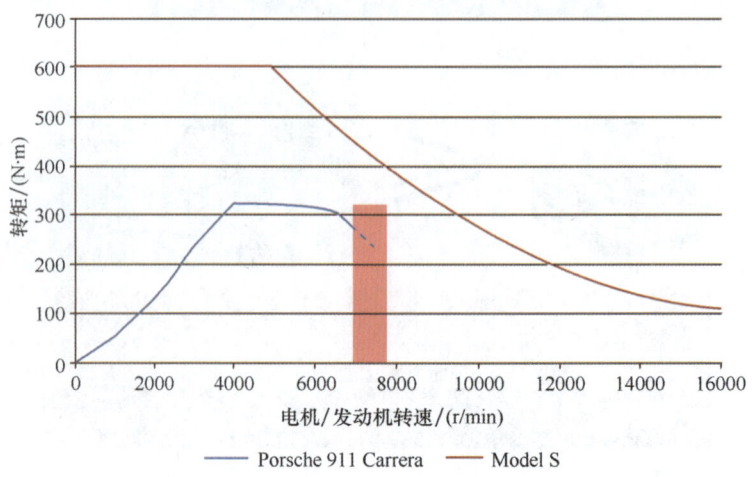

特斯拉（TESLA Model S）的变速器为单速变速器，只有一个前进档，传动比为9.73。装备的轮胎直径约为0.703m。

当电机以8000r/min的转速运转时，理论车速为

$$v = \pi \times 0.703 \times \frac{8000}{9.73} \times \frac{60}{1000} \text{km/h} \approx 109 \text{km/h}$$

而8000r/min的转速只是电机能够达到的最高速度的一半，如果转速达到16000r/min时，其理论速度就在220km/h。

对于保时捷（Porsche 911 Carrera），其1档传动比为3.91，2档传动比为2.29，轮胎直径为0.67m，按发动机最高转速8000r/min运转来算，如果不换档，其1档的最高车速为82km/h，换成2档最高车速为140km/h。因此可以看出如果没有变速器，安装电机的纯电动汽车在加速和速度方面可以比拟内燃机汽车。

> **知识拓展**
>
> 转矩：就是指汽车动力输出（发动机、电机）的力矩。在功率固定的条件下它与转速成反比关系，转速越快转矩越小，反之越大，它反映了汽车在一定范围内的负载能力。
>
> 功率：功率是指物体在单位时间内所做的功。功率越大转速越高，汽车的最高速度也越高，常用最大功率来描述汽车的动力性能。最大功率一般用公制马力（PS）或千瓦（kW）来表示，1PS等于0.735kW。

12. 不一样的空调

纯电动汽车没有发动机作为空调压缩机的动力源，故也没有可以利用的发动机余热来达到取暖、除霜的效果。

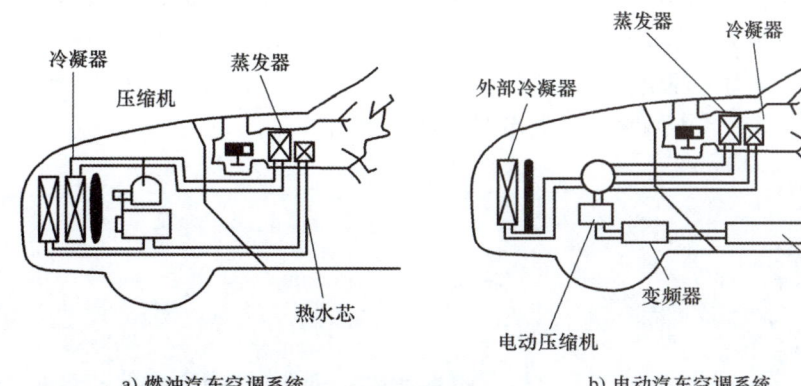

a) 燃油汽车空调系统 b) 电动汽车空调系统

纯电动汽车空调制冷采用的制冷剂是R134a（四氟乙烷），一般采用电动压缩机制冷空调系统。该系统的基本原理为：电池组的直流电经逆变器为空调压缩机驱动电动机供电，空调电动机带动压缩机旋转，从而形成制冷循环，产生制冷效果。

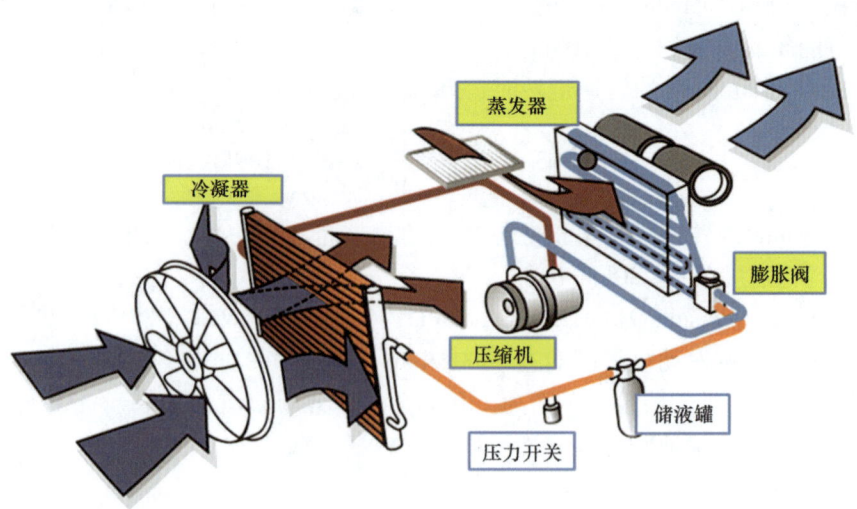

由于电动汽车空调系统改由高压电带动工作，因此现在的纯电动汽车的空调采用PTC（Positive Temperature Cofficient，正温度系数）元件加热来提供暖风。

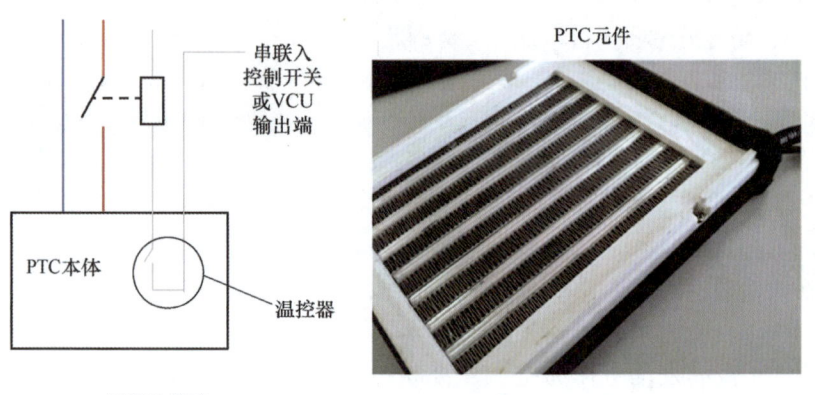

原理示意图　　　　　　　　　　PTC元件

PTC具有恒温发热特性，其原理是PTC通电后自热升温使阻值进入跃变区，恒温加热PTC热敏电阻，其表面温度将保持恒定值，该温度只与PTC热敏电阻的居里温度和外加电压有关，而与环境温度基本无关。

PTC是一种直热式电阻材料，通电时将会产生热量。

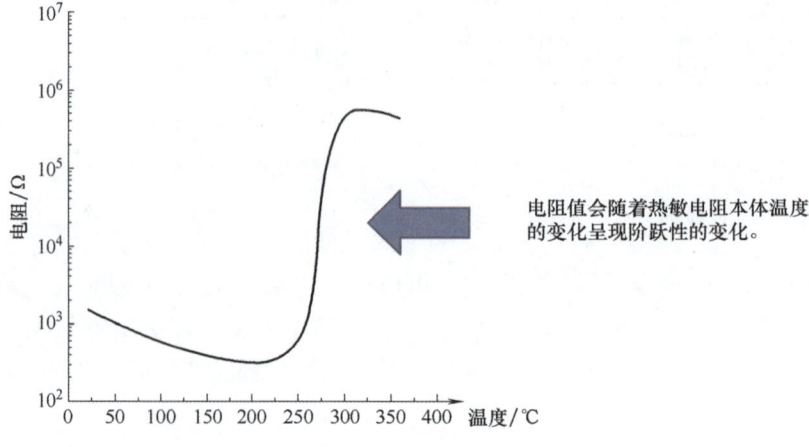

PTC阻值与温度变化关系图

纯电动汽车上 PTC 加热方式的优缺点

产热方式	优势	不足
PTC 电加热（包括 PTC 加热水）	发热速度快，温度高（可控）	耗电功率大，需2kW 以上，对车辆续航能力有较大影响。PTC 本体由于温度相对较高，需周边结构件配合为其提供空间，防止塑料件受热变形，同时 HVAC（Heating Ventilating and Air Conditioning，暖风空调系统）内海绵及润滑脂易因高温产生异味

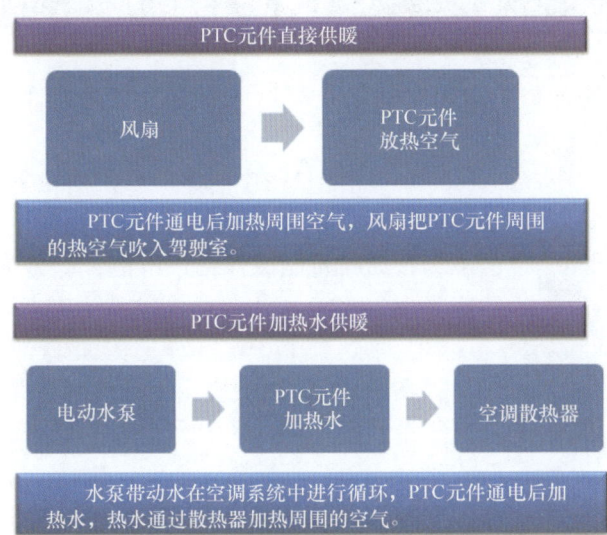

知识拓展

R134a（四氟乙烷）是一种不含氯原子，对臭氧层不起破坏作用，是具有良好的安全性能（不易燃、不爆炸、无毒、无刺激性、无腐蚀性）的制冷剂。

13. 改变世界的特斯拉

目标是通过提供价格适中的长里程的电动车，来加快世界交通向电气化转型。

Model S 动力水平	功率/kW	转矩/N·m
60kW·h 动力	224.91	430
85kW·h 动力	271.95	440
85kW·h 外加性能组件	308.70	600

改变世界的特斯拉

该车拥有 4.4s 的百公里加速时间以及高达 270km/h 的最高车速（搭配 85kW·h 电池 + 性能组件的型号）。

1）高能量密度的电池。特斯拉采用的电池是常见的 18650 锂电池，是普通笔记本电池的电芯。这些电池是松下为特斯拉特制的镍钴铝电池，型号为 18650NCA，单颗容量在 3100mA·h。最大的特点是拥有非常高的能量密度，几乎达到 170W·h/kg。但是其热稳定性同时饱受诟病，在 180℃ 左右就会出现分解现象并产生氧气。这种电池容量和内阻在 1000 次充放电后都保持着相对稳定的水平。

特斯拉 MODEL S PERFORMANCE 车型的电池组由 7000 多颗电池组成，这也是为什么它的续航能力会比竞争对手要长的主要原因。特斯拉 Model S 85kW·h 版本的电池拥有 8 年无限公里保修，60kW·h 版本是 8 年 20 万 km 的保修，用户基本不用考虑维护更换的成本。

特斯拉 Model S 的电池位于车辆的底板下方，电芯是松下生产的，充电次数可达 1000 次以上。对于电池，特斯拉为车主提供至少 8 年 20 万 km 的保修。

Model S 的电池组位于车辆的底盘，与轮距同宽，长度略短于轴距。电池组的实际物理尺寸是：长 2.7m，宽 1.5m，厚度为 0.1~0.18m。其中 0.18m 较厚的部分是由于 2 个电池模块叠加造成的。这个物理尺寸指的是电池组整体的大小，包括上下、左右、前后的包裹面板。这个电池组的结构是一个通用设计，除了 18650 电池外，其他符合条件的电池也可以安装。此外，电池组采用密封设计，与空气隔绝，大部分用料为铝或铝合金。可以说，电池不仅是一个能源中心，同时也是 Model S 底盘的一部分，其坚固的外壳能对车辆起到很好的支撑作用。

2）极其优秀的电池管理系统。为了避免 18650 电池存在的安全风险，特斯拉的电池管理系统将 6831 节 2A·h 左右的松下 18650 封装电池通过串联和并联结合在一起。

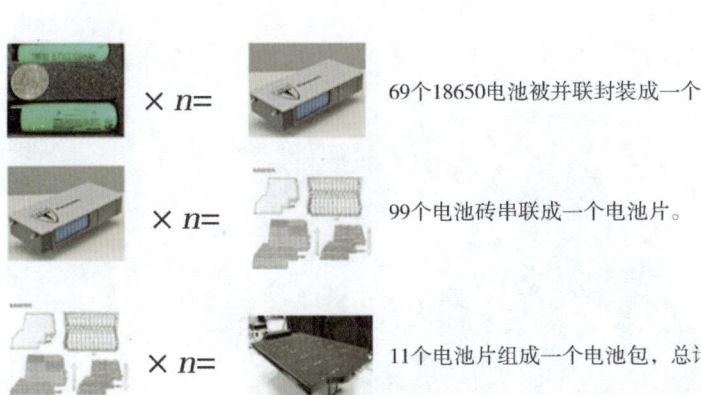

69个18650电池被并联封装成一个电池砖。

99个电池砖串联成一个电池片。

11个电池片组成一个电池包，总计6831节。

只对这些电池进行分层还不够，还要对每一个层次都进行监控，在每个电池单元、每个电池砖、每个电池片的两端均设置有熔丝，一旦电池过热或者电流过大则立刻融断，断开输出。同时在每个电池片上，均设置有电池监控板BMB（Battery Monitor Board），用以监控每个电池砖的电压、温度以及整个电池片的输出电压。在整个电池包上，设置有电池系统监控器BSM（Battery System Monitor），用以监控整个电池包的工作环境，包括电池包的电流、电压、温度、湿度、方位和烟雾等。在整车层面，设置有整车系统监控器VSM（Vehicle System Monitor），用以监控BSM。

3）动力强劲的电机。特斯拉Model S可在不到4.4s的时间内，将超过2t的身躯加速至100km/h。而这强劲性能表现的背后，是一台仅有篮球大小的"三相四极交流感应电动机"，该电机可以爆发出高达310kW的最大功率。

该电机是异步电机，是由定子绕组形成的旋转磁场，与转子绕组中感应电流的磁场相互作用，产生电磁转矩驱动转子旋转的交流电动机。

它可以抵御大幅度的温差变化，也省去了安装散热、冷却系统的烦恼，非常适合作为车辆的动力系统。

特斯拉搭载的这款电机的设计转速可达8600r/min，最大转矩约为600N·m。由于拥有充沛的转矩，因此不需要通过额外的齿轮组来适应高转矩工作环境的需求，从而进一步精简了车辆的传动结构。

4）17in（英寸）触摸屏信息娱乐系统。特斯拉Model S采用的17in（英寸）触摸屏信息娱乐系统。该信息娱乐系统采用高清液晶屏，电容式触摸板，可以控制影音、导航、通信、车辆等功能。

这个信息娱乐系统的触摸屏采用电容屏,操作感受比电阻屏强很多。

5)方便的充电方式。

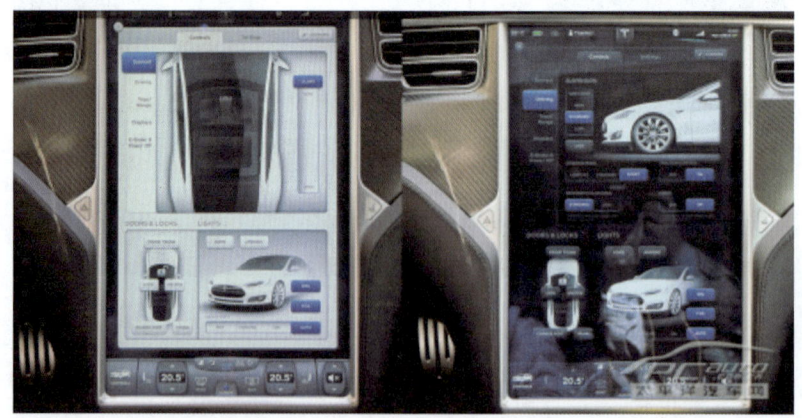

① 家用插座充电(Mobile Connector):采用普通110V/220V的市电插座充电,30h即可充满。

② 10kW 充电器(Single Charger):集成的10kW充电器,10h充满。

③ 20kW 充电器(Twin Charge):集成的20kW充电器,5h充满。

④ 特斯拉专用充电墙(High Power Wall Connector):一种快速充电器,可以装在家庭墙壁或者停车场,充电时间可缩短为5h。

⑤ 超级充电站(Super Charging):45min能冲80%的电量,但这种快速充电装置

现在仅在北美才有。

⑥ 强大的安全性。特斯拉 Model S 底盘采用了前双 A 臂、后多连杆悬架，采用电动机后置的后轮驱动方式。带牵引力控制及电子稳定系统。电池位于底板下方，外壳经过强化处理，能加强车身的强度，提升车辆操控及碰触安全性能。

电池组是一个坚固的高强度的整体，并作为车身的一部分。这使得特斯拉 Model S 有较高的车身扭转刚度及较低的重心。电池采用水冷式的冷却方式，保持电池工作在恒定温度。在车辆受到碰撞的时候，电池的外部结构保护电芯免受冲击并自动切断电源。电池组坚固的外壳也增加了车厢的强度，减少了碰撞时车厢的变形，从而保护了乘客。

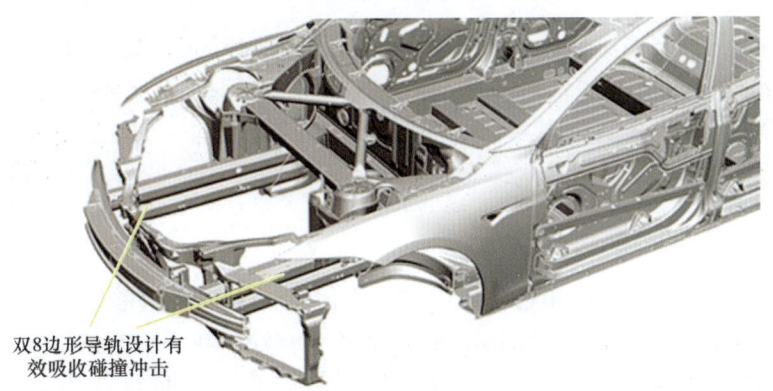

Model S 的车身主要采用铝合金打造，重量较轻。通过各种铝型材、冲压件和铸造件的合理组合，使得 Model S 的承载式车身同时具备极好的乘客保护性能以及车辆操控性能。由于 Model S 并没有使用传统的燃油发动机，所以车前的溃缩吸能区能够最大限度地优化。Model S 的大梁采用的是双 8 边形导轨设计，能极好地吸收冲击能量，而部分关键区域的高强度钢应用也提高了乘员的安全。

除了安全性能得到加强，具有 8 安全气囊、50:50 前后配重、主动式空气悬架、电动助力转向等配置让 Model S 的安全性进一步加强。

14. 跨界车比亚迪 e6

我是纯电动crossover，兼容了SUV和MPV的设计理念，嘿嘿，可是完全自主产权的国产车哟！

比亚迪 e6 的长宽高分别为 4560mm、1822mm、1645mm，轴距为 2830mm，乘坐舒适宽敞。搭载电容量更高的 82kW·h 电池组，续航里程提升为 400km，电机动力额定（最大）功率 90kW，峰值转矩 450N·m，整车重 2380kg。该款车百公里加速时间在 10s 以内。

（1）电池

e6 采用全新的磷酸铁锰锂电池，该电池不但突破了传统磷酸铁锂电池的能量密度限制（以前磷酸铁锂电池的能量密度约是 130W·h/kg，新型磷酸铁锰锂电池的能量密度则达到 156W·h/kg，基本与三元锂电池的密度相当。同时其热稳定性很高，在 600℃时结构依然比较稳定，并且三价铁离子并不活泼，很难再发生化学变化，这令其寿命相对较长，理论上能够大于整车寿命，长期使用的成本较低。同时，磷酸铁锂电池的功率密度比较好，可以大倍率放电，有良好的加速性能。

磷酸铁锂成本低、无毒性、安全性好、寿命高，但需掺杂 Mn、Co 等金属提高导电性能。

磷酸铁锂电池是用正极材料作为名字的锂电池。所有锂电池的结构和工作原理大致相同，磷酸铁锂电池使用磷酸铁锂材料作为电池的正极，由铝箔与电池正极连接，中间是聚合物的隔膜，它把正极与负极隔开，但锂离子 Li+ 可以通过而电子 e- 不能通

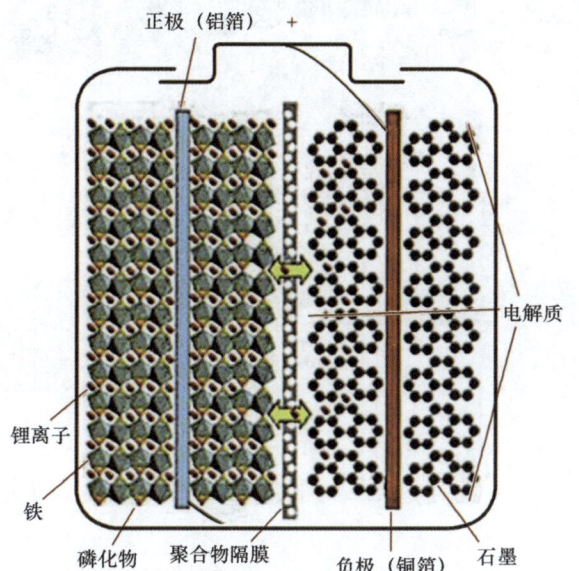

磷酸铁锂电池结构

过；碳（石墨）组成电池负极，由铜箔与电池的负极连接。电池的上下端之间是电池的电解质，电池由金属外壳密闭封装。磷酸铁锂电池在充电时，正极中的锂离子 Li+ 通过聚合物隔膜向负极迁移；在放电过程中，负极中的锂离子 Li+ 通过隔膜向正极迁移。

（2）电池管理系统

e6 电池管理系统除具备基本的电池能量管理、电池热管理功能外，还具有电池单体自动均衡功能。e6 只有一个电池包，由 96 个单体电芯分 11 个模组组成电池包。在整车运行过程中，监控整个电池包的单体性能参数，通过电池均衡功能达到及时、自动维护的目的，极大地减少了动力电池维护的时间成本，延长电池的使用寿命，提升各阶段的性能。同时电池组还加入了水冷系统，帮助电池组散热。

（3）电机

比亚迪 e6 采用永磁同步电机，其最大转速为 8000r/min，峰值转矩可达到 613N·m（出现在 100~1500r/min 的低转速段），在效率以及功率密度方面得到了不小提升，提速性能比异步电机更快，且结构简单，维护起来相对容易。

（4）安全性

e6 电池电解液加入了阻燃材料，当电池壳被击破瞬间，呈糊状的电解液四溅时，避免了电池短路。同时也防止了充电时的短路现象。并且在电池组中安装了泄压阀，用于快速排走电池中的气体。

（5）充电方便

e6 有三种充电方式：①使用比亚迪提供的专业级充电系统。②使用比亚迪购车时附送的充电桩。③使用家用 220V 电源充电。

其中，第一种充电时间仅 1h 就能完成；第二种需要 6h（比亚迪推荐充电方式）；而第三种则需要 20h。

15. 精品 A0 级轿车北汽 EV200

别看我个头不大，可是我的能量很强，我采用的是三元锂电池，储能强，续航里程长，在同级别的电动车里是很厉害的哟！

北汽 EV200 电动车长、宽、高分别为：4025mm、1720mm、1503mm，轴距达到 2500mm，整车重量为 1290kg。

其先进的材料和工艺使其拥有高达 30.4kW·h 的储电量，相较于同级别其他品牌电动汽车 20~25kW·h 的电量，有着明显的优势。综合路况下，EV200 的续航超过 200km，经济模式下，可达 260km。

在使用寿命方面，同样是具备绝对竞争力的车型。专业测试结果显示，在满充满放超过 3000 次后，衰减率小于 15%，确保 10 年使用无忧。正常使用情况下，总行驶里程高达 60 万 km，可以放心使用。

（1）动力电池

电池包的主要功用如下：
1) 提供动力。
2) 电量计算。
3) 温度、电压检测。
4) 漏电检测、异常情况报警。
5) 充放电控制、预充电控制。

6）电池一致性检测。
7）系统自检测等。

提示：车辆行驶过程中，随着电量的消耗，SOC 表上指针指示的数值会逐渐减小。当 SOC 减小到 30% 以下时，SOC 表上的电量不足指示灯会点亮，提示用户尽快对车辆进行充电。

车 型 号	EV200
动力电池包电压/V	378
动力电池包电量/kW·h	30.4

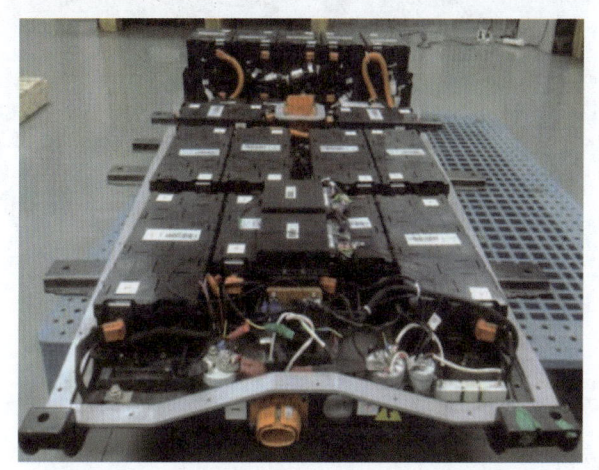

EV200 的电池组采用了全封闭式组装工艺，能使 EV200 在 0.5m 的深水中行驶半小时而安然无恙。同时，EV200 具有独特的动力电池底盘保护舱技术，能使动力电池安全置于四轮形成的稳定纵横梁结构之间，即使车辆发生严重碰撞，电池组也能确保安全无忧。

（2）电池管理系统

北汽 EV200 电池管理系统（BMS）的作用不仅仅能保证电池安全可靠地使用，还能充分发挥电池的能力和延长使用寿命，并向整车控制器上报动力电池系统的基本情况和故障。其功能主要是检测动力系统的电压、电流及温度检测，实现对其过压、欠压、过流、过高温和过低温保护，及继电器控制、SOC 估算、充放电管理、均衡控制、故障报警及处理、与其他控制器通信等，同时还有高压回路绝缘检测功能和为动力电池系统加热功能。

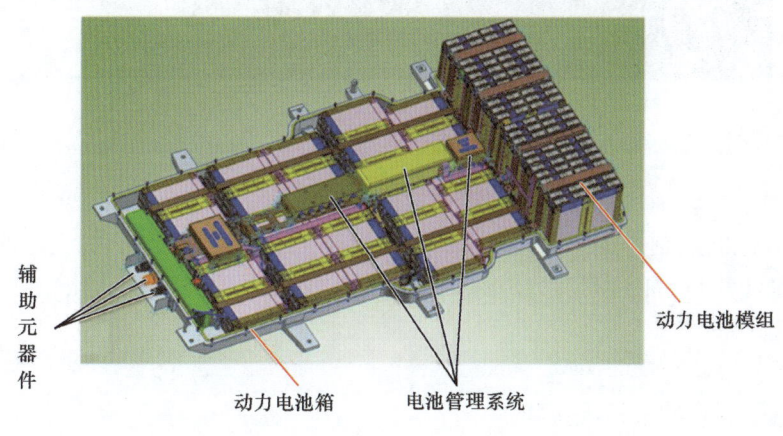

(3) 驱动电机

在动力方面,北汽 EV200 搭载的电机为永磁同步电机,其额定功率为 30kW,最大功率为 53kW,额定转矩为 102N·m,最大转矩为 180N·m。最高车速可达 125km/h,同时 0~100km 最快加速仅为 13s。

(4) 仪表盘

仪表盘样式充满科技感,中央的液晶显示屏能够支持多达 20 项显示内容:功率表、数字车速、瞬时电耗、倒车雷达、动力电池电压、动力电池电流、驱动电机转速、平均电耗、保养里程和车外温度等多种显示信息。

(5) 中控台

EV200 的中控台则匹配 8in 富士康多媒体液晶大屏,装有可扩展 Win CE 系统,不仅拥有时尚人性的定制界面、凯立德 3D 实景导航、便利的蓝牙电话、人性化的随速音量控制、车辆 OBD 智能监测及故障提醒,还有丰富的多媒体功能,让你的行车生活更便捷、更舒适。

（6）远程控制功能

北汽 EV200 还配备有远程控制功能，驾驶人只需下载专属 APP 就可实现，在每次出门前就可提前开启车内空气洁净系统，享受清新空气。

（7）旋钮式电子换档，操控便捷

有别于传统燃油汽车的换档装置，EV200 配备的是智能旋钮式电子换档，该装置造型新颖，时尚美观，材质富有手感，操作便捷；其顶端带有突出的北汽标志，用色时尚，科技感十足。此外，独有的 E 档能量回收可调模式，能根据用户不同感受改善能量回收及制动性能，妥善使用能量回收系统，能增加续航 5%～15%。

（8）充电方式

EV200 的充电方式有以下几种：

1）220V 家用电源可随插随充，6~8h 即可充满，方便快捷。

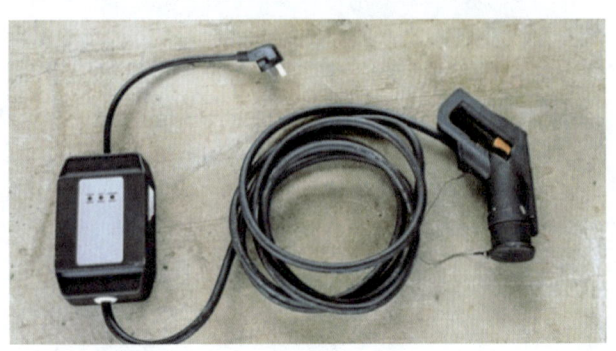

2）使用家用慢充桩等设备，6~8h 即可充满，还可畅享居民无阶梯电价，省钱省心。

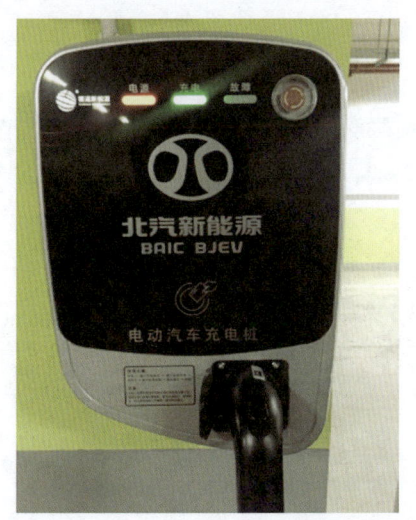

3)使用快充桩，0.5h 可充电 80%，1h 即可充满。北汽新能源目前已经在北京地区配备了 5008 个公共充电桩，极大地方便了已购车用户的充电需求。

4）北汽新能源提供 24 小时移动救援补电车，随叫随到，0.5h 就能充满 80%。

5）北汽新能源的车主可在经销商门店免费充电。

六、油电混合动力汽车在路上

我是1997年出生的油电混合动力汽车普锐斯。现在市场上的我已经是改良后的第三代了，我已经在全世界各地的公路上驰骋了，以后还将继续在全世界自由奔跑。

1. 混合动力复杂吗

我可是同时拥有两个"心脏"哟，你说复杂吗？

　　混合动力汽车是指拥有至少两种动力源（现在混合动力汽车多半是指采用传统的内燃机和电动机作为动力源）并混合使用两种动力源的汽车。使用的内燃机既有柴油机又有汽油机，因此可以使用汽油或者柴油，也有的发动机经过改造使用其他替代燃料，如压缩天然气、丙烷和乙醇燃料等。使用的电力系统中包括高效强化的电动机、发电机和蓄电池。

　　混合动力系统的主要部件有发动机、电机、电池和混合动力控制系统。

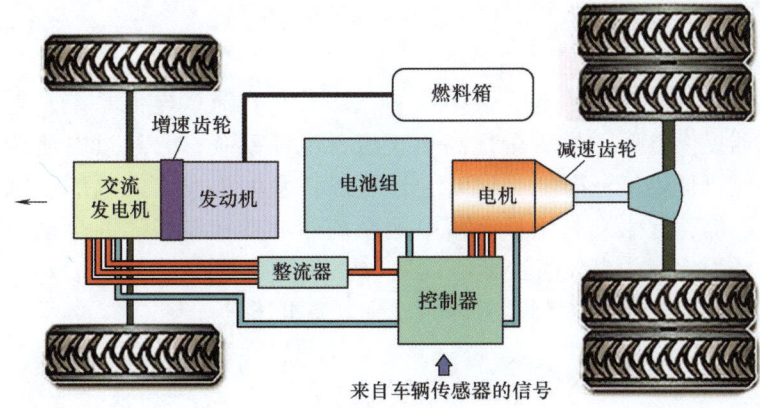

（1） 发动机

混合动力汽车的工作与传统汽车有所不同，混合动力汽车中的发动机大部分时间以高功率运转，而不需频繁改变功率输出。混合动力汽车可以广泛地采用四冲程内燃机（包括汽油机和柴油机）、二冲程内燃机（包括汽油机和柴油机）、转子发动机、燃气轮机和斯特林发动机等。

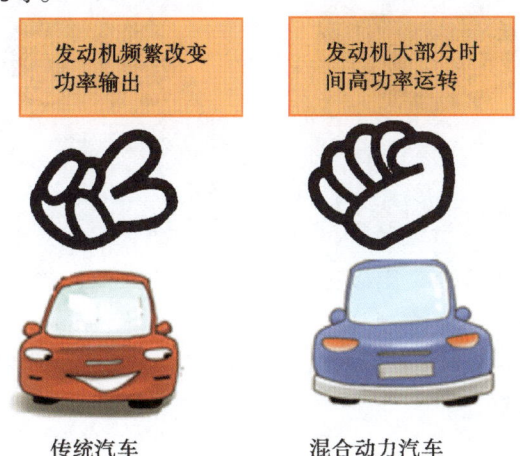

（2） 电机

混合动力汽车的电机作为辅助动力来降低燃料的消耗和实现低污染，或在纯电动驱动模式时实现"零污染"。混合动力汽车可以采用直流电机、交流感应电机、永磁电机和开关磁阻电机等，现在主要使用后三种电机。

（3）电池

混合动力汽车具有两个蓄电池系统：一个是 12V 直流蓄电池系统，它主要是为车上常规的用电器提供电压；另一个是高压直流蓄电池系统，它经过电流转换器将直流电能转换后给电机提供交流电能，同时它还可以将发电机发出的电能经电流转换器转换成直流电后，储存起来。高压直流蓄电池系统储电量和电压随混合动力系统的要求而变化。混合动力汽车的高压直流蓄电池从 36～600V 不等，所有混合动力汽车设计采用串联连接的蓄电池均是为了获取所需的直流电源电压。

都具有高、低压两个蓄电池系统

纯电动汽车　　　混合动力汽车

（4）混合动力控制系统

在混合动力汽车上普遍地采用以计算机为核心的现代计算机技术和自动控制技术，各种智能控制系统包括自适应控制技术、模糊控制技术（Fuzzy）、专家控制系统（Expert System）和神经网络控制系统（Neural Networks）等。这些技术使混合动力汽车更加安全、节能、环保和舒适。

混合动力汽车的智能控制系统数量和控制系统对汽车综合运行控制的结果优于传统汽车。

传统燃油汽车　　　混合动力汽车

2. 混合动力汽车动力输出方式

HYBRID系统的工作示意图

	1	2	3	4	5	6	7	8
	停车时	开始加速时	缓加速	低速巡航	加速行驶	急剧加速	高速巡航	减速行驶
	自动急速停止	发动机工作并且电机辅助	仅发动机工作	仅电机工作	发动机工作并且电机辅助	发动机工作并且电机辅助	仅发动机工作	电池充电
	停车时急速工作的发动机自动停止工作，消除油耗与尾气排放。急速结束，松开制动踏板，电机工作，同时根据工作状态起动发动机。注：根据条件不同，存在发动机无法停止的情况。	开始加速时，低转速气门正时及升程电子控制系统，电机辅助发动机运转，提供强劲的加速动力。	缓慢加速时，通过低转速时的可变气门正时及升程电子控制系统，仅靠发动机提供动力。	低速巡航以约40km/h左右的速度行驶时，发动机4个气缸的气门关闭，停止工作，仅由电机驱动行驶。	加速行驶电机通过低转速时用的可变气门正时及升程电子控制系统辅助发动机运转，提供强劲的加速动力。	急剧加速发动机的转速提高后，发动机切换到高转速使用的可变气门正时及升程电子控制系统，产生高功率。加上电机的辅助系统，提供更为强劲的加速动力。	高速巡航高转速时用可变气门正时及升程电子控制系统辅助发动机运行。	减速行驶发动机的4个气缸全部停止工作。电机利用减速最大限度地利用减速能量给电池充电，在电机辅助时进行再利用。

（1）混合动力汽车按照其动力的输出方式分类

可以分为普通混合动力汽车、插电式混合动力汽车以及增程式混合动力汽车三种。

1）普通混合动力汽车。普通混合动力汽车在正常行驶过程中，主要依靠发动机驱动。而在电量充足的条件下，车辆起动或者低速行驶时，完全依靠电机驱动，但是续航里程极短。随着车速提高发动机开始驱动车辆行驶。当遇到坡道或者急加速时，发动机和电机共同驱动车辆行驶。

普通混合动力汽车的动力电池容量很小，如雷克萨斯CT200h的动力电池容量为6.5A·h（相当于一些强力探照灯的蓄电池），它在纯电模式下最远行驶距离仅为3km。因此，混合动力汽车一般通过制动时回收动能为动力电池充电，或者利用车辆在行驶时发动机的多余功率驱动发电机充电即可，完全不存在纯电动汽车到处找"插座"的困扰。

混合动力汽车最大的优点是省油。以凯美瑞为例，混动版百公里油耗在5L左右，而普通版则需要多一倍。其次，由于在原有发动机基础上增设一套电驱动系统，混动版的动力性能堪比3.0L发动机车型，而驾驶和维护方面却没有什么变化，基本就是一台"很省油"的普通汽车，可能制动时的拖拽感会稍微明显一点而已。

混合动力汽车和普通汽车之间还有个小差异，由于起动和低速行驶时主要依靠电机，混动车辆不需要"热车"这个环节，插上钥匙即可走人。

混合动力汽车的不足在于增设的电驱系统多少会占据一定的使用空间，并且座椅不能放倒。如混动版凯美瑞的行李箱比普通版少了大概 1/4 的容积，储物空间有点缩水。

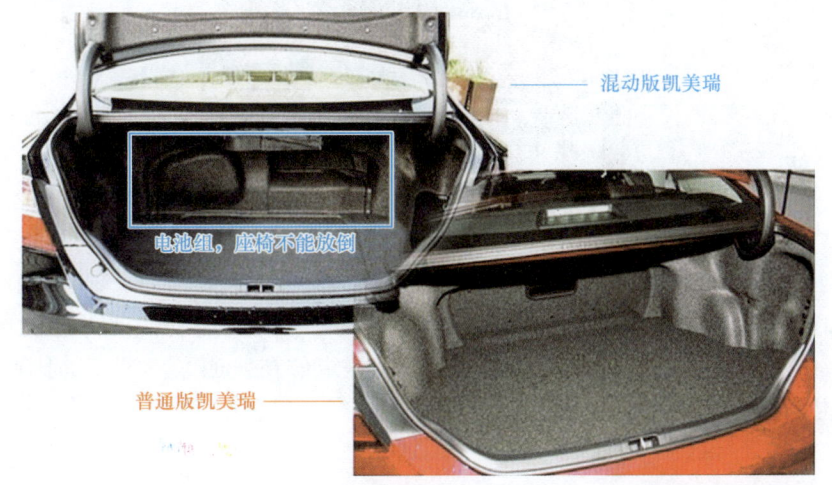

2）插电式混合动力汽车。与普通混合动力汽车相比，插电式混合动力汽车只是多个插电口，能够外接充电。电动机功率要足够大，确保汽车能够以比较高的速度行驶，一般认为需要大于 50kW。电池容量也要比普通混合动力汽车大得多，足以在纯电模式下跑几十公里。

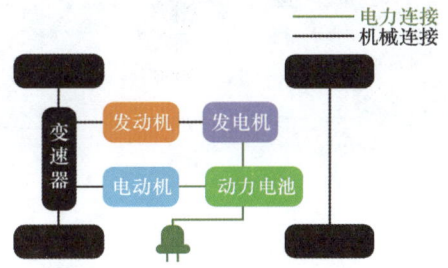

插电式混合动力汽车的百公里综合油耗比普通混合动力汽车更低，如普锐斯插电版在纯电动模式下可以行驶 30km，使得百公里油耗低至 2L，比混动版节油约 3L（普锐斯混动版和凯美瑞混动版油耗相当）。而且充电时间也不长，一般数小时就可充满。如果能保持良好的充电习惯，用车费用直追电动汽车，并且无须担心任何续航问题。

插电式混合动力汽车的动力电池的容量更大，其续航里程更长（一般 50km 以上）。如比亚迪秦，它在纯电动模式下，理论续航里程能够达到 70km，基本满足上班族的需要。

同时，插电式混合动力汽车得益于更大功率的电动机辅助，动力性能更加强劲。保时捷918spyder百公里加速时间为2.3s，即使是定位在普通紧凑型车的比亚迪秦，百公里加速也能突破6s。

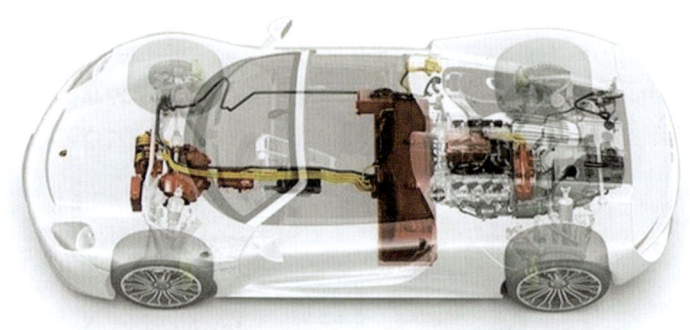

3）增程式混合动力汽车。与普通混合动力汽车、插电式混合动力汽车不同的是，增程式混合动力汽车无论什么情况下，都不能由发动机直接驱动车轮行驶，仅能通过电动机驱动。但它也能够像插电式混合动力汽车一样，通过外接电源充电。

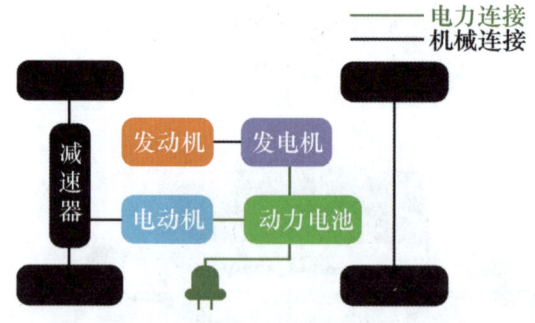

增程式混合动力汽车就是用发动机进行发电，电动机进行驱动的车辆。当电池组电量充足时采用纯电动模式行驶，而当电量不足时，起动车内发动机，带动发电机为动力电池充电，提供电动机运行的电力（即增程模式）。

由于具有插电式混合动力汽车的外接充电优势，增程式混合动力汽车的纯电续航里程也较长，如宝马i3纯电版续航里程160km，而宝马i3增程版可达300km左右。并且在增程模式下，发动机工作在高效转区，其安静程度比普通汽车更好，电动机的低转速高转矩特性也使得车辆的起步和加速性能较好。在增程模式下，宝马i3的综合百公里油耗能达到4L左右的水平，起到一定的节能作用。与此同时，增程式混合动力汽车和插电式混合动力汽车一样能够享受国家新能源车补贴政策，但目前只有广汽传祺研发增程式混合动力汽车。

而且，由于发动机不能协同电动机一起驱动汽车，增程式混合动力汽车在高速上的动力表现性能远不及普通混合动力汽车和插电式混合动力汽车，比起普通汽车也仅有起步和加速上的优势而已。

（2）按照混合度的不同分类

混合动力汽车可分为微混合动力汽车、轻混合动力汽车、中混合动力汽车和完全混合动力汽车四类。

1）微混合动力汽车。代表的车型是丰田的混合动力版 Vitz。从严格意义上来讲，这种微混合动力汽车不属于真正的混合动力汽车，因为它的电动机并没有为汽车行驶提供持续的动力。

电动机最大功率和发动机的最大功率比≤5%。

2）轻混合动力汽车。代表车型是通用的混合动力货车。轻混合动力汽车除了能够实现用发电机控制发动机的起动和停止，还能够实现：

① 在减速和制动工况下，对部分能量进行吸收。

② 在行驶过程中，发动机等速运转，发动机产生的能量可以在车轮的驱动需求和发电机的充电需求之间进行调节。

电动机最大功率和发动机的最大功率比为5%~15%

3）中混合动力汽车。代表车型是本田旗下混合动力汽车中的 Insight、Accord 和 Civic。中混合动力汽车采用的是高压电动机。另外，中混合动力汽车还增加了一个功能：在汽车处于加速或者大负荷工况时，电动机能够辅助驱动车轮，从而补充发动机本身动力输出的不足，从而更好地提高整车的性能。这种系统的混合程度较高，可以达到30%左右，目前技术已经成熟，应用广泛。

电动机最大功率和发动机的最大功率比为15%~40%。

4）完全混合动力汽车。丰田的 Prius 和未来的 Estima 属于完全混合动力汽车。该系统采用了 272~650V 的高压起动电动机，混合程度更高。与中混合动力汽车相比，完全混合动力汽车的混合度可以达到甚至超过 50%。技术的发展将使得完全混合动力汽车逐渐成为混合动力技术的主要发展方向。

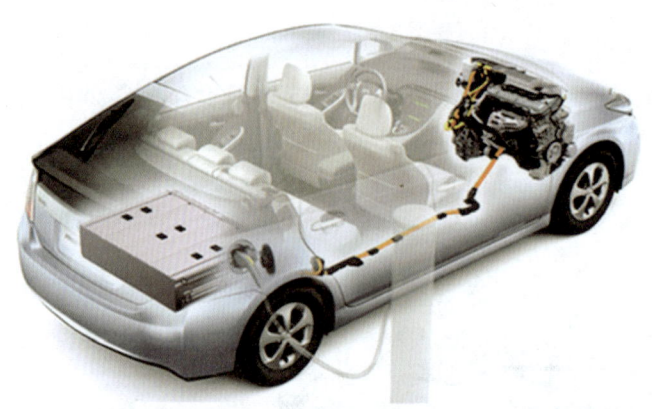

 思 考

普锐斯发动机功率 73kW，电动机功率 60kW，请问普锐斯属于哪种程度的混合动力汽车？

3. 混合动力汽车的典型结构

混合动力汽车的结构形式分为串联式、并联式以及混联式三种，其中增程式混合动力汽车只能是串联式结构，而并联式和混联式结构既可以应用于普通混合动力汽车，也可以应用于插电式混合动力汽车。

（1）串联式结构

串联式结构，顾名思义就是发动机和电动机"串"在一条动力传输路径上。串联式结构最大的特点就是发动机在任何情况下都不参与驱动汽车的工作，它只能通过带动发电机为电动机提供电能，如下图所示。

混合动力汽车的典型结构

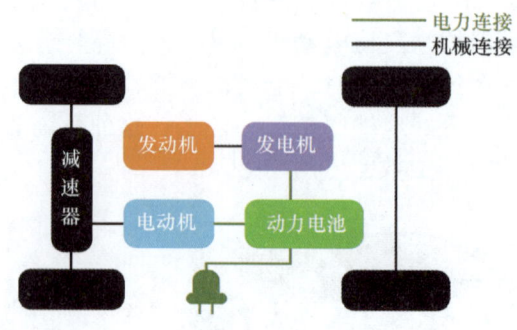

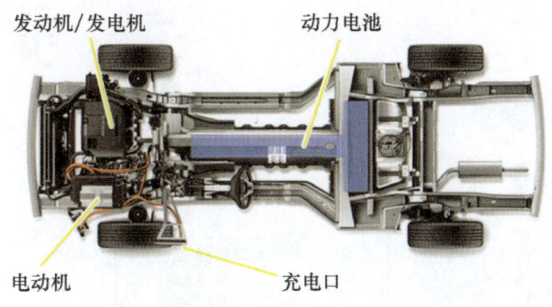

　　串联式结构是混合动力汽车中结构最为简单的,整体结构相当于纯电动汽车加个汽油发动机,它取消了普通汽车的变速器,结构布置也更加灵活。

　　但是,发动机的动能需要经过二次转换才能为电动机供电,会造成较大的能量损失,使得串联式结构在跑高速时油耗更高。如雪佛兰 VOLT,普通 1.4L 发动机在高速巡航下百公里耗油 6L 左右,而 VOLT 却达到了 6.4L。

　　目前主流的串联式混合动力汽车有宝马 i3 增程版、雪佛兰 VOLT 和传祺 GA5Z 增程版,其中前两款车型售价高达 50 万,GA5Z 增程版也是自主品牌中唯一的一款串联式混合动力车型。

宝马i3增程版

雪佛兰VOLT

传祺GA5Z增程版

(2) 并联式结构

　　并联式结构是在普通汽车的基础上加装一套电能驱动系统(即电动机和动力电池驱动系统),发动机和电动机都能单独驱动车轮,也可以同时工作,共同驱动汽车,当动力电池电量不足时,发动机还能带动电动机反转为电池充电,如下图所示。

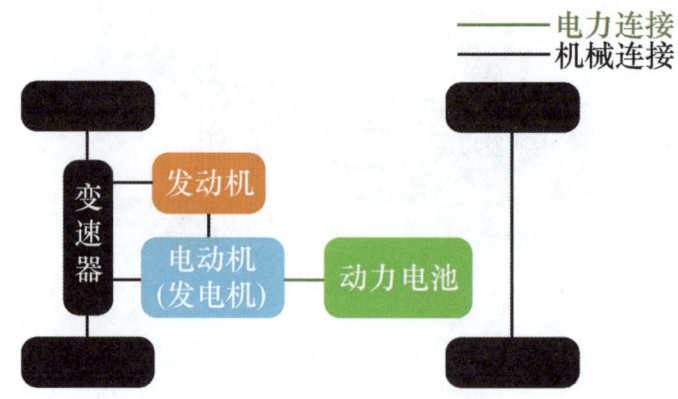

并联式结构靠发动机、电动机或者它们两者共同驱动,保留了变速器,因此可以简单地理解为:普通汽车+电动机=并联式结构。

目前,市面上卖的混合动力车型,绝大部分采用并联式结构,尤其受跑车厂家的喜爱,电动机和发动机互补,在节油的同时能够极大地提高车的加速性能。

(3) 混联式结构

在并联式结构的基础上再加入一个发电机,就是混联式结构,即普通汽车+电动机+发电机=混联式结构。但它没有变速器,通常是一种"ECVT"的行星齿轮结构的耦合单元替代了变速器,起到连接、切换两种动力以及减速增扭的作用。也有一些厂家在混联式结构中使用普通的变速器,如双离合变速器、无级变速器(CVT)等,但是效果远不及这种ECVT变速结构,如下图所示。

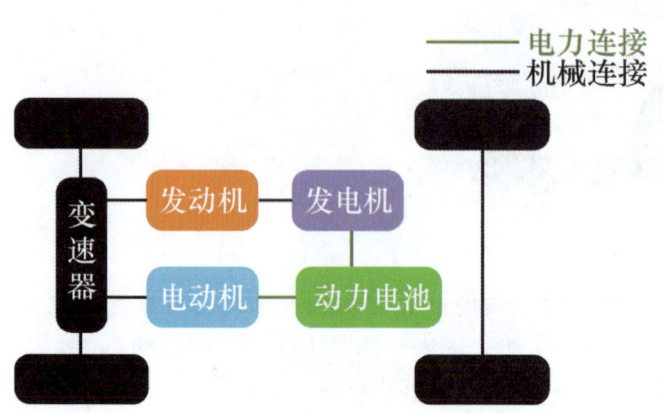

而混联式结构在发动机和电动机协同驱动汽车行驶的同时,发动机还能带动发电机为电池充电,并且理论上它能够实现发动机带动发电机发电,电动机驱动汽车的模式。当然,两个动力单元也能够单独驱动车辆。

小贴士

随着技术革新,目前混联式结构在优化后已成为混合动力汽车的主要结构形式。

(4) 三种结构的特点和优缺点

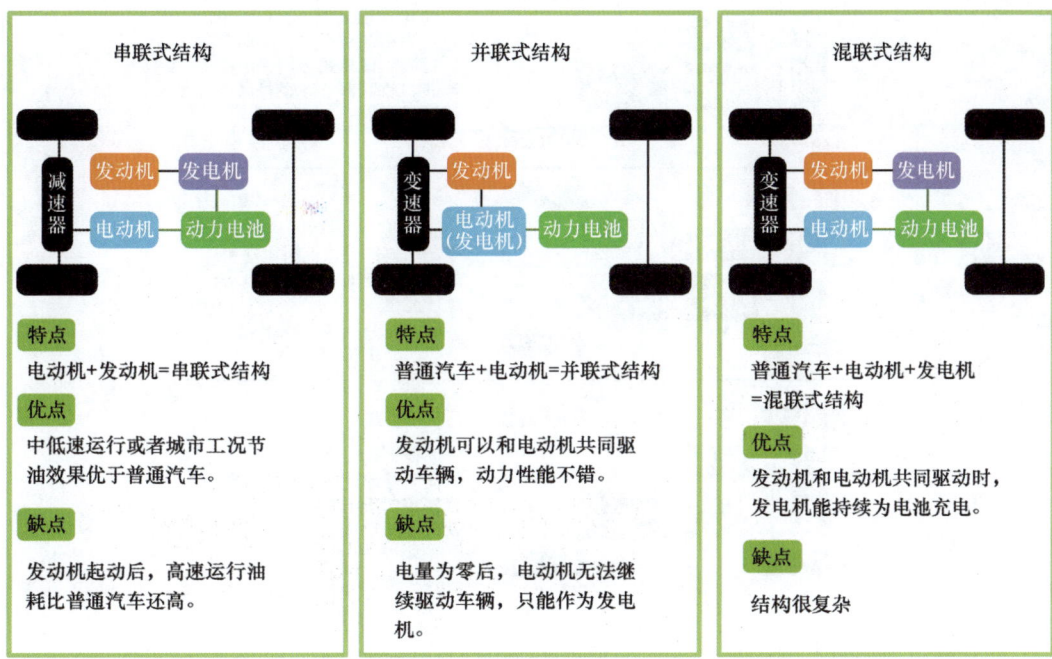

知识拓展

ECVT:丰田官方给出的定义是"动力分配器",是专门为混合动力车型准备的动力分配机构。

4. 动力系统如何协调

不同结构的混合动力汽车,其动力系统的协调工作方式也不一样。

(1) 串联式结构驱动模式

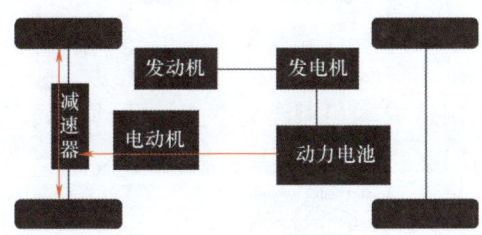

串联式结构驱动模式简图

串联式结构的驱动模式单一,只有电动模式,同时发动机工作在高效区,在一般的中低速城市路况,串联式混合动力汽车的油耗相对普通汽车更客观,大约节油30%左右,并且方便驾驶人操作。

(2) 并联式结构驱动模式

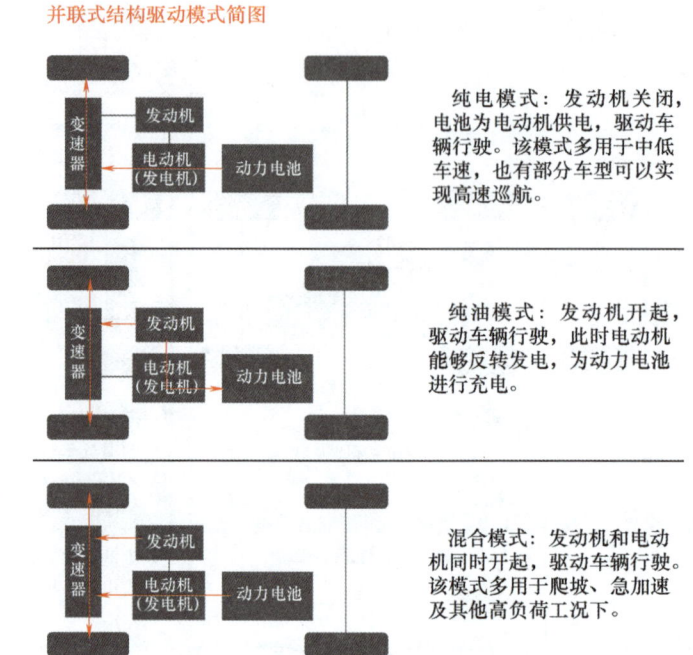

并联式结构驱动模式简图

与串联不同的是,并联式结构中发动机和电动机可以同时驱动汽车,其动力性能更加优越,比亚迪秦的 1.5T 发动机和电动机功率相加后为 220.5kW,相当于奥迪 A6 的 3.0T 发动机。其次,并联式混合动力车型的驱动模式较多,可以适应多种工况,发动机能够在中高速运行时单独驱动汽车,无须进行能源的二次转换,因此其综合油耗也会更低。

不过并联式结构最显著的缺点就是:由于只有一台电动机,没有独立的发电机,无法实现混动模式下发动机为电池充电的功能,而当电量耗尽时汽车也就只能依靠发动机驱动了。

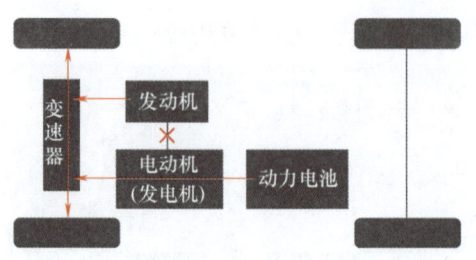

并联式混合动力汽车制造成本相对会高一点,驱动模式多,含有纯油模式、纯电模式、混合模式等,不同厂家的命名标识都不尽相同。

（3）混联式结构驱动模式

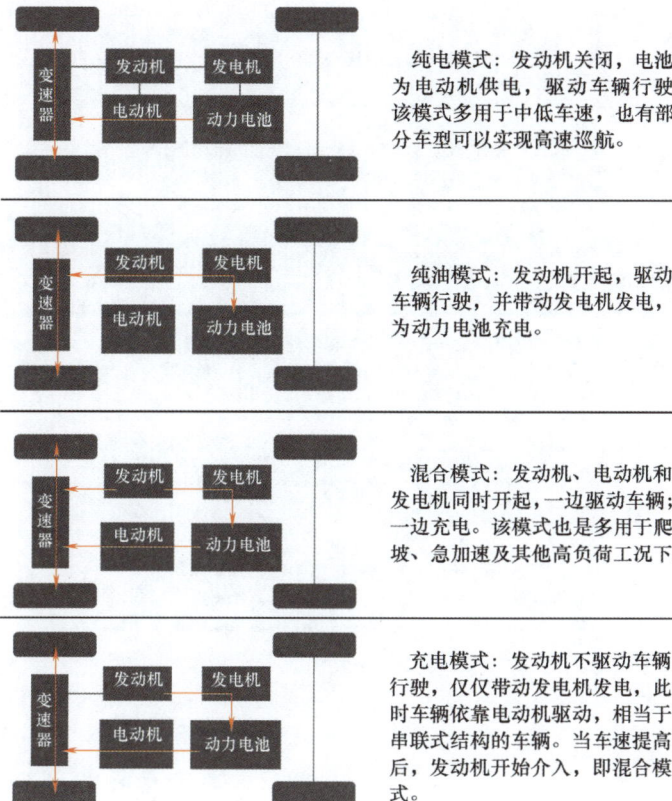

混联式结构驱动模式简图

纯电模式：发动机关闭，电池为电动机供电，驱动车辆行驶。该模式多用于中低车速，也有部分车型可以实现高速巡航。

纯油模式：发动机开起，驱动车辆行驶，并带动发电机发电，为动力电池充电。

混合模式：发动机、电动机和发电机同时开起，一边驱动车辆；一边充电。该模式也是多用于爬坡、急加速及其他高负荷工况下。

充电模式：发动机不驱动车辆行驶，仅仅带动发电机发电，此时车辆依靠电动机驱动，相当于串联式结构的车辆。当车速提高后，发动机开始介入，即混合模式。

5. 如何掌控混合动力系统

我们内燃机和电机能够和睦相处，共同出力使汽车行驶的又快又好，是因为我们有一个很好的控制系统来安排我们哟！

（1）混合动力汽车控制系统的功能

混合动力汽车控制系统的功能

- 使汽车的动力性能达到现代内燃机汽车的水平。
- 发挥电动机驱动的辅助作用，降低燃油消耗，目前混合动力汽车油耗达到2L/100km。
- 在环保方面，实现"超低污染"的环保标准。
- 实现对发动机驱动系统和电动机驱动系统的双重控制。实现最有效的组合，最佳匹配和高效利用，回收再生制动能量，延长行驶里程。
- 使操纵装置和操纵方法上继承内燃机汽车优势，适应驾驶操作习惯，使操作简单和规范。
- 整车控制采用全自动、机电一体化控制系统，实现安全、可靠、节能、环保和控制灵活。

小贴士

各国情况不同，目前我国以插电混合动力的研究为主。

混合动力汽车一般是传统内燃机汽车的替代和延伸。继承和沿用了很大部分内燃机汽车的传动系统，保留了内燃机汽车的操纵装置，包括发动机控制装置加速踏板、制动踏板、离合器、自动离合器和变速器的操纵装置等。由这些操纵装置发出控制信号，通过中央控制器和各种控制模块，向内燃机的驱动系统或电动机驱动系统发出单独驱动指令或混合驱动指令，来获得不同的驱动模式，按照驾驶人的意图，实现混合动力汽车的起动、行驶、加速、爬坡、减速和制动时驱动模式转换的控制。

（2）混合动力汽车控制系统的组成

1) 控制系统：由操纵装置、中央控制器和各种控制模块共同组成。
2) 发动机及其驱动系统，以及发动机和发动机驱动系统的控制系统。
3) 电动机及其驱动系统，以及电动机和电动机驱动系统的控制系统。
4) 信号反馈及检测装置：包括各种信号检测装置、显示装置和自诊断系统等。

6. 可靠吗？ 不开也知道

混合动力汽车相对于燃油汽车来说，其动力驱动有两套，可以分别工作也可以同时工作，相对燃油汽车来说，其驱动性能上的优势很明显，可以想到具有两套系统的可靠性比一套系统的要高。

目前，我国所有生产的混合动力汽车都必须满足 GB/T19751—2005《混合动力电动汽车安全要求》。

隶属于美国公路安全保险协会的高速公路损失数据研究所（HLDI）曾发布报告称，混合动力车在撞车事故中受损概率比非混合动力车低 25%。其中的重要因素就是混合动力车平均比标准的普通汽车重 10%。

众所周知，车体大小和重量会影响安全性能。撞车事故设计两个不同大小和重量的汽车，相对较小、较轻的汽车安全性处于劣势，大型重型车会推动小型车后退，这意味着大型车里的人所受压迫力相对较小，而压迫力与风险成正比关系，压迫力越大，越容易造成伤害。

7. 销量之王丰田普锐斯

> 从1997年推向市场销售，到现在已经推出了第四代产品了，我可是混合动力汽车的销售冠军，到目前为止，已经销售超过350万辆。

（1）第四代普锐斯结构

整车长宽高分别为4540mm、1760mm、1470mm，轴距为2700mm，普通混动版重量约为1280kg，而插电混动版约为1350kg。其燃油经济性得到了很大的提升，百公里油耗2.7L。

1）整车的结构。

1.8L汽油发动机+电动机
混动系统进行升级，发动机热效率提升到40%，综合最大功率110kW

镍氢电池
体积更小，容量更大，纯电续航里程提高到56km。

变速器
匹配E-CVT变速器，并提供多种驾驶模式。

采用后独立悬架
第四代普锐斯采用后独立悬架，提高了舒适性和操控性。

2）发动机 + 电动机性能。1.8L 的 2ZR-FXE 自然吸气四缸发动机，压缩比为 13∶1，缸径为 80.5mm，活塞行程为 88.3mm，在可变进排气门正时控制之下，成为一副典型的做功行程比压缩行程长的发动机。油耗为 2.5L/100km，高达 40% 的热效率。

电机最高总输出功率为 53kW，最大转矩为 163N·m，单靠电机时，最高车速为 110km/h。

3）电池和电机动力控制单元 PCU。第四代普锐斯提高了电池的输出功率，辅助行驶时，能提供更强的动力，充电时也能承受更大的电流。新车根据车型等级使用不同的电池。E、A、A Premium 配备的是锂离子电池，S 和四轮驱动车型都配备的是镍氢电池。锂离子电池组的重量为 24.5kg，而镍氢电池的电池组重量为 40.3kg。其中镍氢电池组容量提升，在纯电动模式下，可以续航 56km。

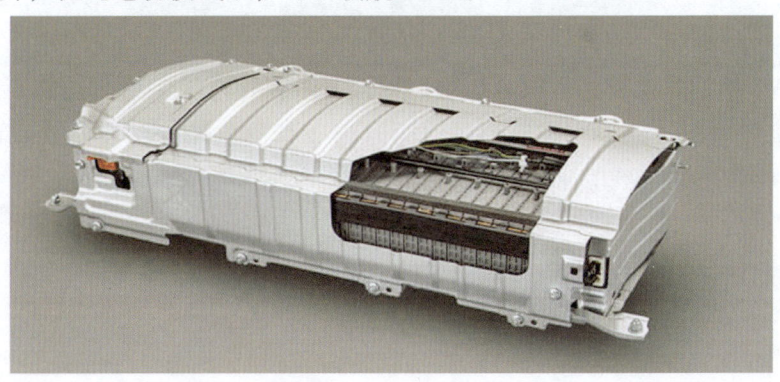

镍氢电池体积为35.5L，和锂电池一样，配备在后座下方。除了继电器、电池监控单元和线束的小型化，电池组中的空冷风扇也被安装在车身一侧，镍氢电池组和用来控制电机工作的动力控制单元PCU放在后座下方，行李箱容积有502L。

4）变速器。采用E-CVT变速系统，驱动电机的减速机构，采用了平行轴齿轮，这就相当于MG1电机、MG2电机肩并肩横向布置。齿轮及接触面减少，动力系统的损耗也降低不少。并且为驾驶人提供了四种模式：Normal正常模式；EV-Drive模式允许驾驶人在低速状态下单纯依靠电力行驶约1.6km；Power（动力）模式提高加速踏板灵敏度，使得驾驶感趋近跑车；Eco模式可以帮助驾驶人获得最佳的燃油经济性。

① E-CVT结构。主要由齿圈、行星齿轮、太阳轮和行星座组成，如下图所示。动力传递为：2号电机—外齿圈—输出轴，同时由于行星齿轮组的存在，同时有：发动机—行星组—外齿圈—输出轴。

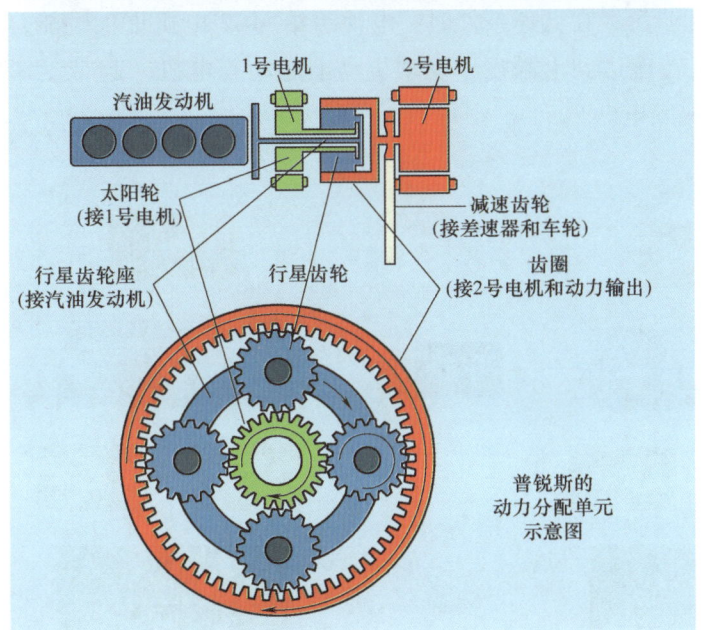

② E-CVT 的变速过程。

a. 怠速运转（热车）。发出起动指令后，MG1（1号电机）瞬间起动（正转）并带动发动机起动，整个过程极其快速而平顺［外齿圈（R）、行星齿轮架（C）、太阳齿轮（S）］。MG1 电机类似于传统汽车的起动机，带动发动机工作。

发动机工作后，在怠速情况下，MG1 电机变成发电机，发电给电池组充电。

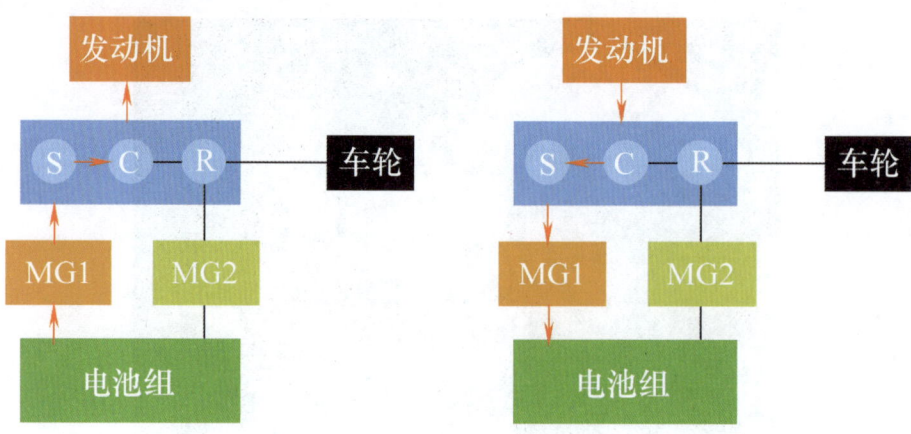

b. 起步。起步后，在低速条件时，电池组给 MG2 电机提供电能，带动车轮工作，但当急加速电机转速达到上限后，发动机马上起动与电机一起带动车轮工作。此时，还带动 MG1 电机发电。

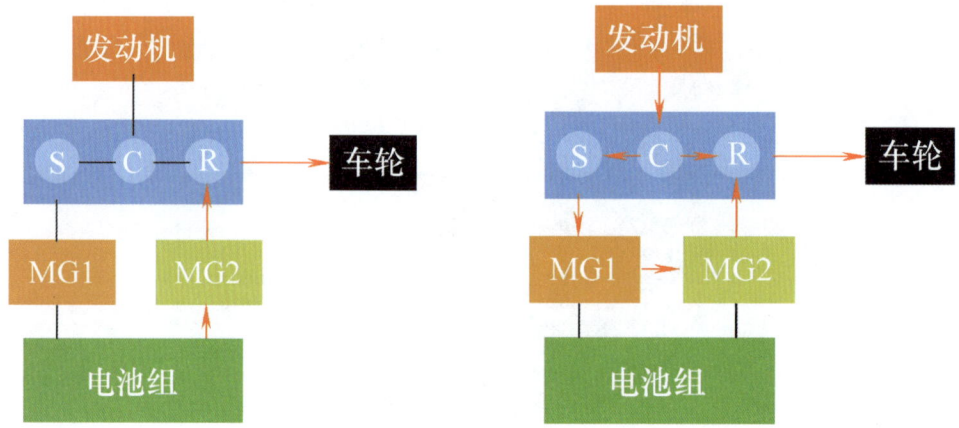

c. 小负荷加速。小负荷加速时，主要靠 MG2 电机来驱动车轮。同时发动机低速工作，与 MG2 电机一同带动车轮工作，同时带动 MG1 发电，向 MG2 供电。

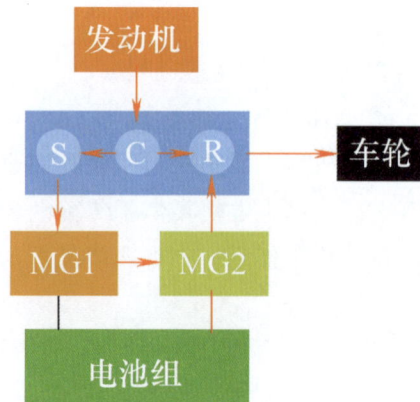

d. 大负荷加速。面对重负荷加速（如载重起动）等情况时，MG2 电机的动力跟不上。发动机转速提升，进入其经济运转区间，发动机的功率大大提升，与 MG2 电机一起带动车轮工作。同时带动 MG1 电机发电与电池组一起向 MG2 电机供电，MG2 电机进入满功率模式。

e. 匀速行驶。匀速行驶的情况发生在加速完成后，汽油机转速下降，齿圈（车轮）的转速便高于行星架（汽油机）的转速。这种正向自转会驱动太阳轮（MG1）反转。此时 MG1 电机成为起动机，MG2 变成发电机状态，以此来维持 MG1 电机的转动。实际上的车轮工作只是由发动机带动。

f. 减速。减速的情况其实相对比较简单，发动机关闭，MG1 电机空转。MG2 电机由车轮带动变成发电机吸收车轮的减速能量，并为电池组充电。

g. 倒车。得益于 MG2 电机的大转矩，普锐斯在倒车时所需的转矩由 MG2 电机提供。电池组给 MG2 电机供电，带动外齿圈反转，车辆完成倒车。

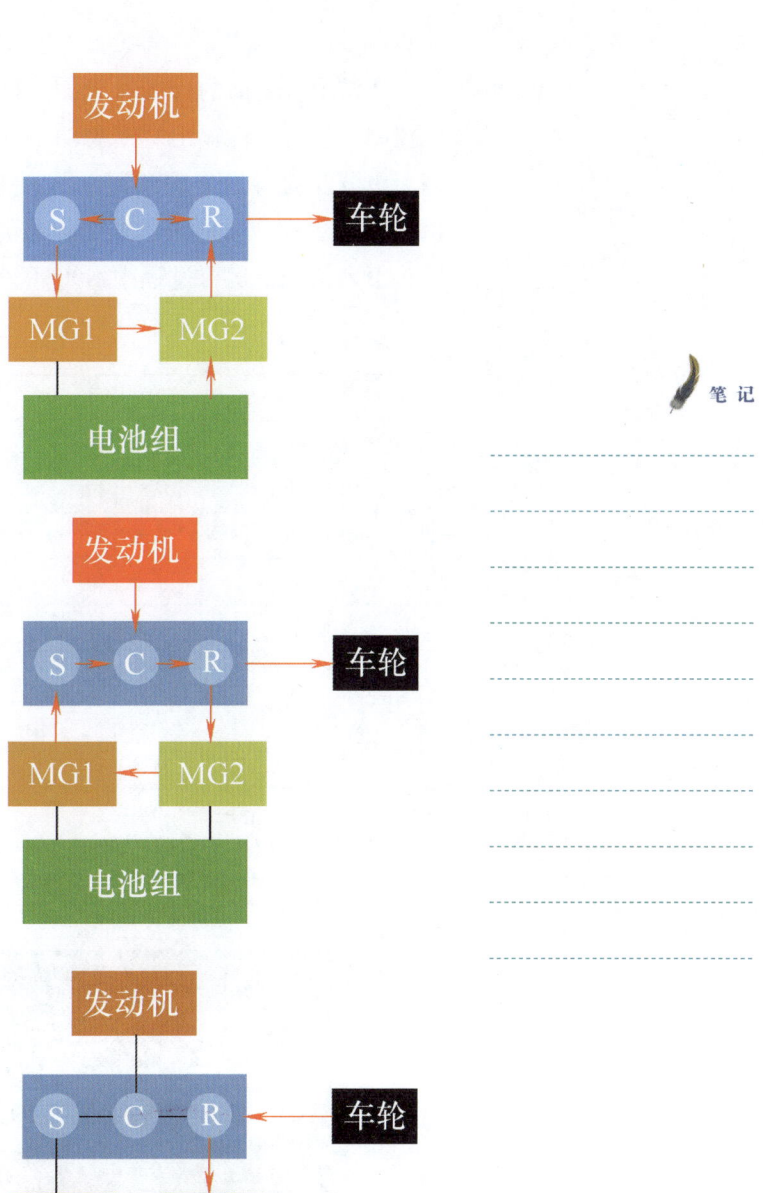

在整个普锐斯的行驶过程中,两个电机和发动机互相配合,在严密的机电转换逻辑控制下进行线性输出。因为功率=转矩×转速,故这种转矩按比例分配而转速又可以无级分配的行星齿轮组结构,使得发动机的动力可以随时随地无级分配给外齿圈(即车轮),完成普通步进式变速器的所有功能。

下表为整个运行过程中 E-CVT 各齿轮的运行状态:

E-CVT 各齿轮各工况运转表

工 况	太阳齿轮	行星齿轮	行星架	外齿圈
发动机起动	主动正转	反转	从动正转	停转
热车	从动正转	反转	主动正转	停转
电动起步	从动反转	正转	停转	正转
混合起步	从动正转	反转	主动正转	正转
加速	从动正转	反转	主动正转	正转
匀速	主动反转	正转	主动正转	正转
减速	从动反转	正转	停转	正转
倒车	从动正转	反转	停转	反转

5)独立悬架。采用四轮独立悬架的设定,后悬架为双叉臂式,提高舒适性和操控性能。

在驱动方面,采用新开发的 E-Four 四驱系统,即前轮采用发动机驱动,后轮采用电动机驱动。这套带后轴电动机的四驱技术,主要在 20km/h 以下的低速区域使用,车速升至 20~30km/h 以上的中高速区域后,后轴电动机便退出工作。并且电动机帮助在积雪道路上辅助车辆正常起步,增加日常行驶的稳定性。同时它的行李箱容量并没有因为增加四驱而减小。

6)安全系统。新普锐斯使用了丰田最新的安全系统"Toyota Safety Sense P",该系统集成了车道偏离警报系统、防碰撞预警系统、自适应续航以及自动远光灯等高科技配置。同时,该系统利用微波雷达和摄像机,不光可以识别车辆还可以识别行人,可有效避免碰撞。

（2）第四代普锐斯的工作原理

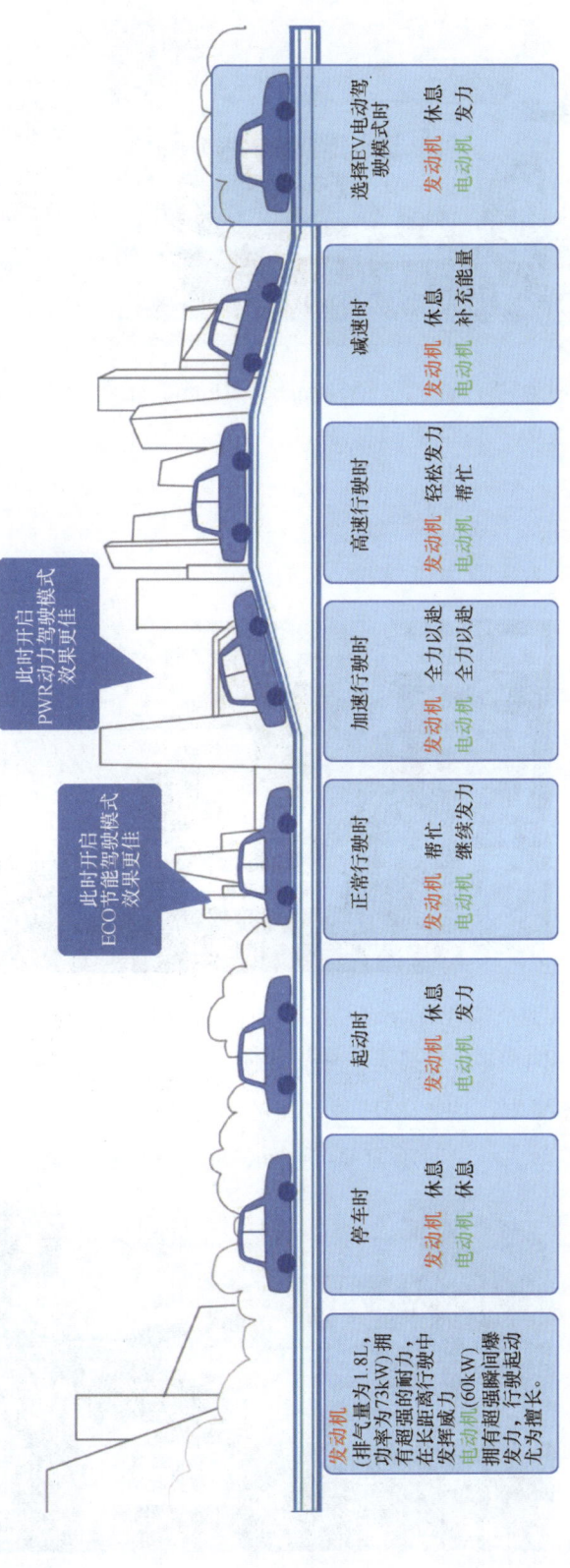

普锐斯行驶状态示意图

8. 新贵比亚迪唐

> 嘿嘿,谁说国产汽车不好。我的动力、电池、底盘技术很厉害,一点不比国外汽车差。这就是实力!

整车长宽高分别为 4815mm、1855mm、1720mm,轴距为 2720mm,整车重 2220kg。百公里加速时间为 4.9s,百公里油耗 2.7L。

(1) 动力

动力采用涡轮动力 + 双电机模式。

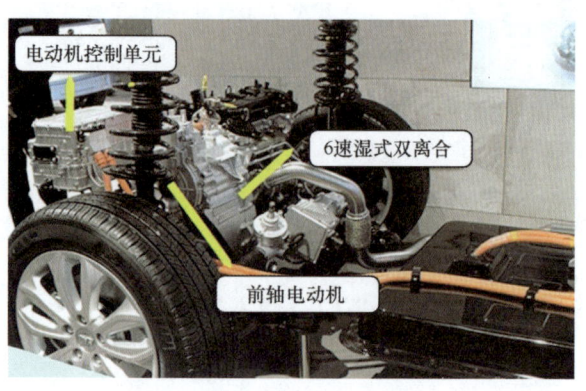

"唐"采用的 2.0T 全铝 TID 发动机,拥有缸内直喷、可变气门正时等技术,转速为 5500r/min 时,可输出 151kW 的最大功率,转速为 1750~4500r/min 时可输出 320N·m 的最大转矩。在自主车型中,这款 2.0T 发动机的动力算得上一流水准。搭载的 6 速 DCT 采用湿式双离合结构,最大承受转矩为 450N·m,完全能掌控发动机的动力。

"唐"采用插电混动式结构,电动机可以单独驱动车辆。两台永磁同步电动机采用前后布置的方式,每台电动机可输出 110kW 的最大功率、峰值转矩 200N·m。从输出看两台电动机构成的电控四驱拖动车身也很轻松。两套系统交联的综合功率为370kW，最大转矩为720N·m。这台家用的SUV百公里加速性能达到4.9s。

（2）电池

纯电动续航达85km。

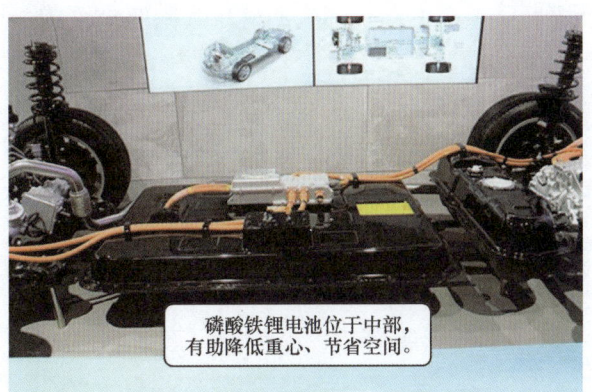

磷酸铁锂电池位于中部，有助降低重心、节省空间。

"唐"有空间可以容纳大容量的底置平板电池，其磷酸铁锂电池容量达到18.4kW·h，经济模式下最大续航85km。从电池的配比以及电动机的动力输出来看，电力部分在"唐"的动力系统中起到了相当重要的作用。平时完全可以把它当作电动车来开，在长途旅行时，混合动力系统的优势也体现出来了。

（3）底盘

采用混合式电力四驱。

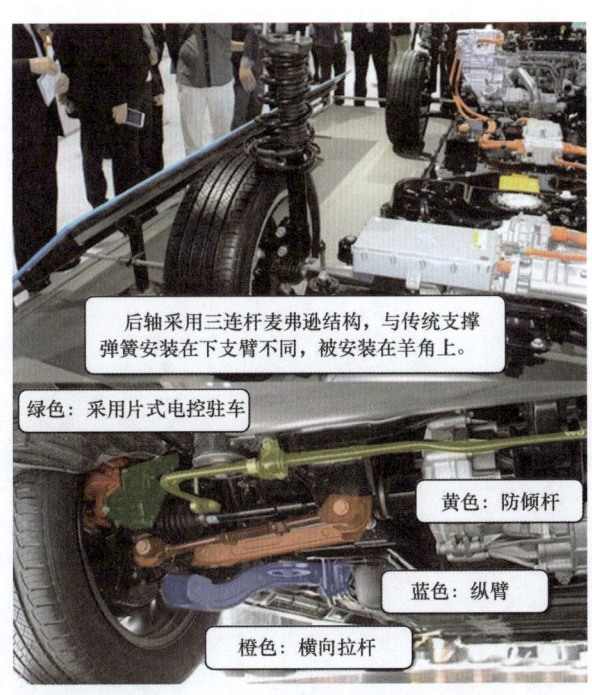

后轴采用三连杆麦弗逊结构，与传统支撑弹簧安装在下支臂不同，被安装在羊角上。

绿色：采用片式电控驻车
黄色：防倾杆
蓝色：纵臂
橙色：横向拉杆

"唐"的综合动力输出极为惊人，促使电力四驱系统的出现。底部的电池组增加的重量也对整体配重，行车稳定性起到了优化作用。

比亚迪"唐"提供了纯电EV、混动HEV、经济ECO和运动SPORT四种驾驶模式。对于四驱模式的选择很简单，驾驶人只需通过一个按钮就可以切换，前驱、四驱锁止、自动三种模式中的一项。得益于动力结构的布局优势，在选择前驱模式后，"唐"位于前轴的电动机与发动机将共同驱动车辆，相比前后轴单一动力布局结构，发动机负荷更小。即使是全电行驶，也有前后电动机组成的四驱共同负责输出动力。这保证在任何时候，它的动力模块都不是单独驱动，降低了单个动力的负荷。选择性能最强的"SPORT"模式后，整车发动机、电动机将共同驱动车辆。

七、燃料电池汽车的闪亮登场

1. 燃料电池电动汽车的类型

笔 记

燃料电池的种类繁多，通常可以依据其燃料状态、工作温度、燃料来源和电解质类型进行分类。

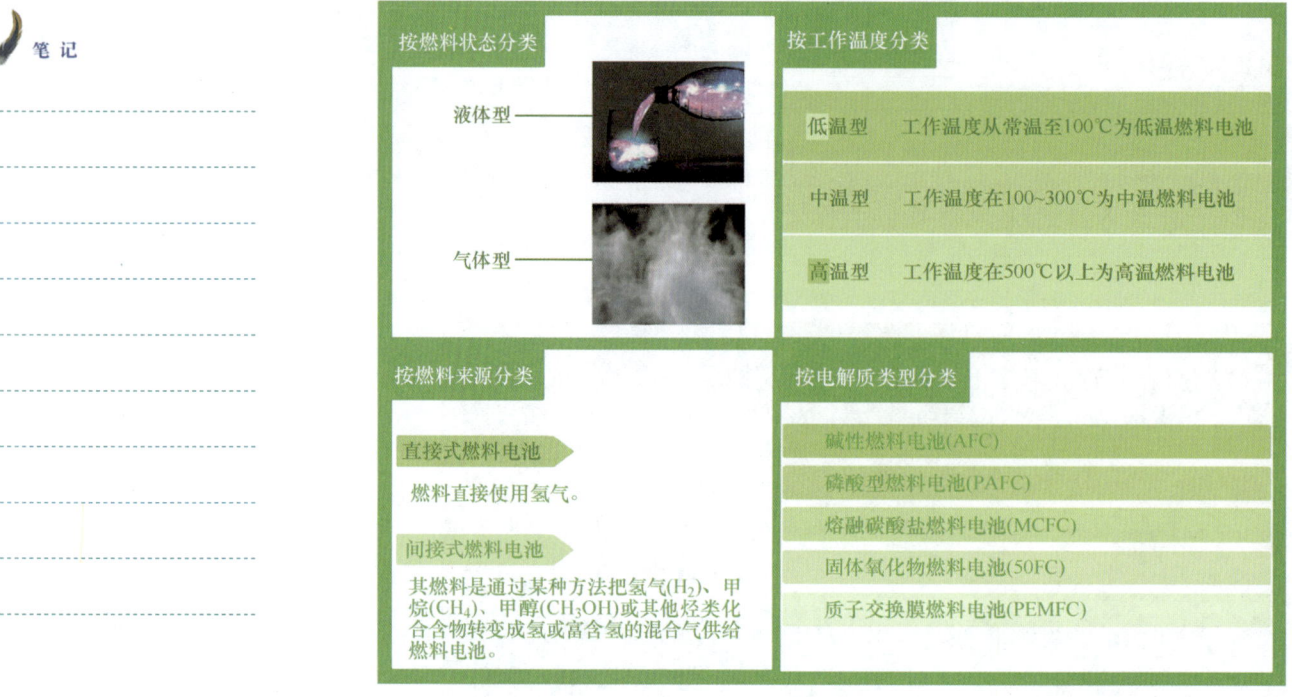

电池类型	操作温度/℃	比功率/(W/kg)	燃料	氧化剂	电解质	起动时间
AFC	50~200	35~105	纯氢气	纯氧气	氢氧化钾，有腐蚀，液体	几分钟
PAFC	180~210	120~180	甲醇、天然气、氢气	氧气、空气	磷酸，有腐蚀，液体碳	2~4h
MCFC	630~700	30~40	甲醇、天然气、氢气、煤气	氧气、空气	碳酸锂/碳酸钾，有腐蚀，液体	>10h
SOFC	750~1000	15~20	甲醇、天然气、氢气、煤气	氧气、空气	掺钇氧化锆，有腐蚀，液体	>10h
PEMFC	25~100	340~1500	氢气	氧气、空气	磺酸盐聚合体，无腐蚀、固体	几分钟

汽车是移动式交通工具，要求车用燃料电池具有较高的能量密度以及车辆所必需的快速起动和动力响应的能力，又要具有成本低、安全性好、寿命长等特点。从能量密度、操作温度、耐 CO_2 能力以及耐振动冲击能力等来看，质子交换膜燃料电池（PEMFC）最适合用作电动汽车的动力电源，它与电动机结合后，成为一种新概念的动力源，是新能源汽车未来的发展趋势。

质子交换膜燃料电池（PEMFC）的工作原理：

阳极：$H_2(g) \longrightarrow 2H^+(aq) + 2e^-$

阴极：$1/2O_2(g) + 2H^+(aq) + 2e^- \longrightarrow H_2O$

总反应：$H_2(g) + 1/2O_2(g) \longrightarrow H_2O$

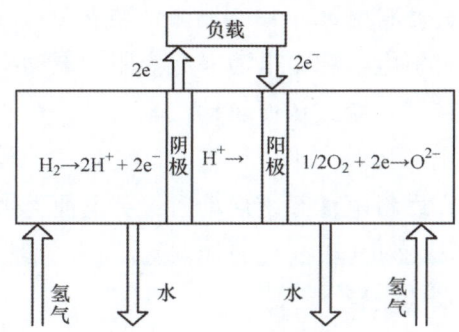

2. 燃料电池电动汽车组成结构

燃料电池电动汽车（FCEV）是利用氢气等燃料和空气中的氧在催化剂的作用下在燃料电池中经电化学反应产生的电能，并作为主要动力源驱动的汽车。

（1）燃料电池单独驱动的 FCEV

燃料电池单独驱动的 FCEV，其动力源唯一，仅靠燃料电池支持整车运转。

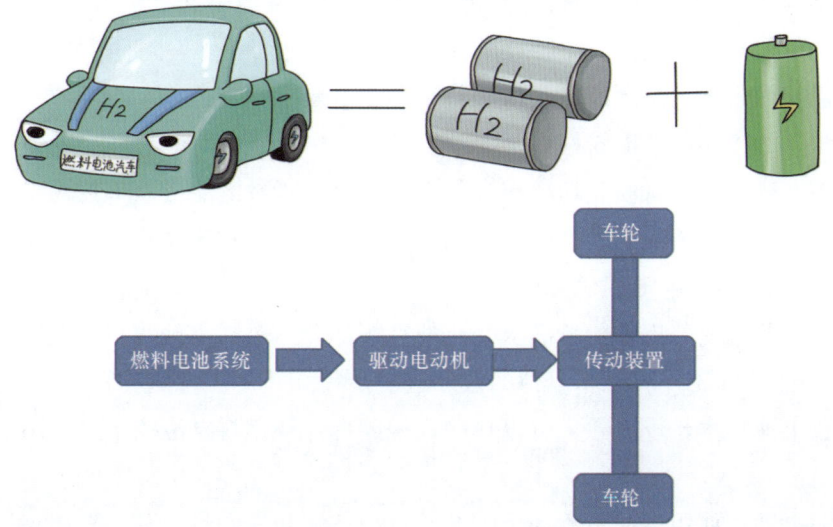

燃料电池系统产生的电能驱动电动机工作，电动机通过传动装置驱动汽车运动。

优点：

1）结构简单，便于实现系统控制和整体布局。

2）系统部件少，有利于整车的轻量化。

3）较少的部件使得整体的能量传递效率高。

缺点：

1）燃料电池功率大，成本高。

2）对燃料电池系统的动态性能和可靠性提出了很高的要求。

3）不能进行制动能量回收。

（2）"燃料电池+辅助蓄电池"混合驱动的FCEV

该动力系统结构中，有燃料电池和蓄电池两个动力源。汽车的功率负荷由燃料电池和蓄电池共同承担。即燃料电池和蓄电池一起为驱动电动机提供能量，驱动电动机将电能转化成机械能传给传动系统，从而驱动汽车前进。在燃料电池和蓄电池联合供能时，燃料电池的能量输出变化较为平缓，随时间变化波动较小，而能量需求变化的高频部分由蓄电池分担。在燃料电池系统启动时，蓄电池提供电能用于空气压缩机或鼓风机的工作、电堆的加热、氢气和空气的加湿等。在汽车制动时，驱动电动机变成发电机，蓄电池将储存回馈的能量。

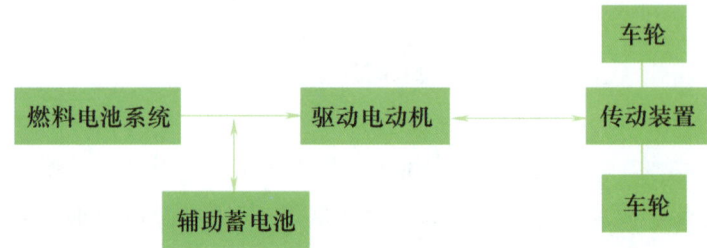

优点：

1）由于增加了辅助蓄电池联合驱动，且辅助蓄电池的价格低廉得多，系统对燃料电池的要求降低，使得其结构得以简化，从而较大幅度地降低了整车成本。

2）降低了对燃料电池动态特性的要求。

3）能够回收再生制动能量，增加整车的能量效率。

4）汽车的冷起动性能较好。

5）在车辆起步的时候和功率需求量不大的时候，蓄电池可以单独输出能量。

6）燃料电池单独或与动力电池共同提供持续功率，在车辆起动、爬坡和加速等峰值功率需求时，动力电池提供峰值功率。

7）由于蓄电池分担了能量需求变化的高频部分，燃料电池可以在比较好的设定的工作条件下工作，工作时燃料电池的效率进一步提高。

8）蓄电池技术比较成熟，可以在一定程度上弥补燃料电池技术上的不足。

缺点：

1）蓄电池的使用增加了驱动系统的重量、体积和复杂性，使整车的动力性和经济性受到影响。

2）蓄电池充放电过程会有能量损耗，影响了能量转换效率。

3）增加了蓄电池的维护和更换费用。

4）系统的复杂化，增加了系统控制和整体布置的难度。

尽管"燃料电池+辅助蓄电池"混合驱动的FCEV还存在着一定的问题，但目前燃料电池电动汽车动力系统的一般结构还是这种模式。

现在"燃料电池+辅助蓄电池"混合驱动系统主要有燃料电池直接混合系统和动

力电池直接混合系统两种结构形式。

（3）"燃料电池 + 超级电容"混合驱动的 FCEV

燃料电池 + 超级电容混合驱动的 FCEV 与燃料电池 + 辅助蓄电池混合驱动的 FCEV 结构类似，只是把辅助蓄电池换成了超级电容。在该动力系统结构中，有燃料电池和超级电容两个动力源。汽车的功率负荷由燃料电池和超级电容共同承担，即燃料电池和超级电容一起为驱动电动机提供能量，驱动电动机将电能转化成机械能传给传动系统，从而驱动汽车前进。

蓄电池寿命短，成本高，使用要求复杂；而超级电容充放电效率高，能量损失小，比蓄电池功率密度大，在回收制动能量方面比蓄电池有优势，循环寿命长，使用成本低，但是超级电容的能量密度较小。

（4）"燃料电池 + 辅助蓄电池 + 超级电容"混合驱动的 FCEV

在燃料电池 + 辅助蓄电池混合驱动的 FCEV 的电压总线上再并联一组超级电容，用于提供加速或吸收紧急制动的尖峰电流，减轻蓄电池负担，延长其使用寿命。

这种动力系统结构，燃料电池、蓄电池和超级电容一起为驱动电动机提供能量，驱动电动机将电能转化成机械能传给传动系统，从而驱动汽车前进；在汽车制动时，驱动电机变成发电机，蓄电池和超级电容将储存回馈的能量。

与"燃料电池 + 蓄电池"混合驱动 FCEV 的比较，其优势更加明显，尤其是在部件效率、动态特性、制动能量回馈等方面更有优势。在采用燃料电池、蓄电池和超级电容联合供能时，燃料电池的能量输出更为平缓，随时间变化波动较小，而能量需求变化的低频部分由蓄电池承担，能量需求变化的高频部分由超级电容承担。各动力源的分工更加明细，使得它们的优势也得到了更好地发挥。

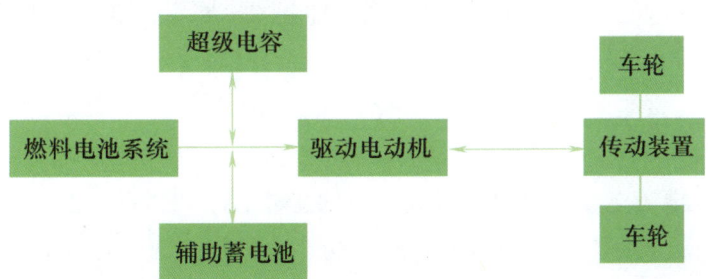

而其缺点也一样更加明显。

1）增加了超级电容，整个系统的质量增加。

2）增加了超级电容，系统更加复杂化，系统控制和整体布置的难度也随之增大。

综上对比 3 种混合驱动结构形式，"燃料电池 + 辅助蓄电池 + 超级电容"混合驱动形式是能够最大限度地满足整车的起动、加速、制动的动力和效率需求。若能够对系统进行很好的匹配和优化，这种结构在给汽车带来良好的性能方面具有更大的吸引力，但其成本最高，结构和控制也最为复杂。

目前燃料电池电动汽车动力系统的一般结构仍是燃料电池和蓄电池混合驱动组合，主要结构包括能量控制单元、空气压缩机、燃料电池堆、高压储氢瓶、动力电池组和电动机。

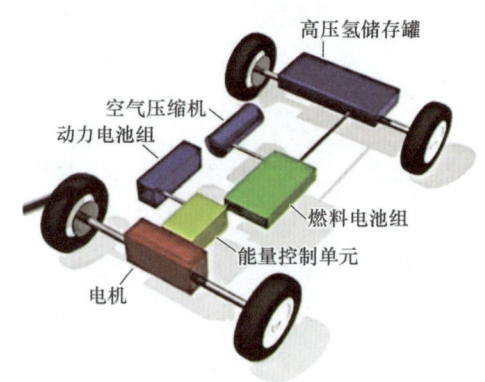

3. 化学能转化为动能效率高

转化效率高吗?

化学能转化动能
效率高

氢燃料电池电动汽车的工作原理：将氢气送到燃料电池的阳极板（负极），经过催化剂（铂）的作用，氢原子中的一个电子被分离出来，失去电子的氢离子（质子）穿过质子交换膜，到达燃料电池阴极板（正极），而电子是不能通过质子交换膜的，这个电子，只能经外部电路，到达燃料电池阴极板，从而在外电路中产生电流。电子到达阴极板后，与氧原子和氢离子重新结合为水。由于供应给阴极板的氧，可以从空气中获得，因此只要不断地给阳极板供应氢，给阴极板供应空气，并及时把水（蒸气）带走，就可以不断地提供电能。燃料电池发出的电，经逆变器、控制器等装置，给电动机供电，再经传动系统、驱动桥等带动车轮转动，就可使车辆在路上行驶。燃料电池的燃料是氢和氧，生成物是清洁的水，它本身工作不产生一氧化碳和二氧化碳，也没有硫和微粒排出。

与内燃机汽车相比，氢燃料电池电动汽车有害气体的排放量减少99%，CO_2的生成量减少75%，电池能量转换效率极高，节约能源。因为燃料电池没有活塞或涡轮等机械部件及中间环节，不经历热机过程，不受热力循环（卡诺循环）限制，故能量转换效率高，燃料电池的化学能转换效率在理论上可达100%，实际效率已达60%～80%，是普通内燃机热效率的2～3倍（汽油机和柴油机汽车整车效率分别为16%～18%和22%～24%）。

> **想一想**
>
> **氢气来自哪里？**
>
> 一辆百分百环保的燃料电池电动汽车，就必须以不造成污染的方式来制造氢气。目前最好的方法是通过电解水来制造氢气，即用电将水分解成氧气和氢气。目前最好的电解水系统的能量转化率只有80%，并不怎么高效。如果这一过程中消耗的电用在普通电动汽车上，效果可能更好。

甲烷转化更划算些，但却会造成污染。蒸气需要加热到 700～1000℃，然后与甲烷结合生成氢气和一氧化碳，以及少量的二氧化碳。得益于水力压裂法生产的大量天然气，美国有95%的氢气通过这种方法来制造。但是为了获得氢气所消耗的能量比直接使用电能更多，并且最近的研究显示，甲烷基础设施的泄露情况比原先想象的还糟糕（最高达7%），而作为温室气体，甲烷的温室效应是二氧化碳的86倍。

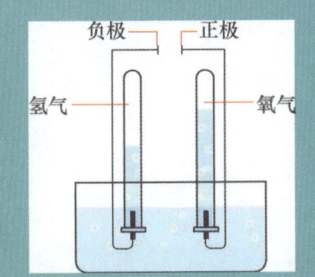

氢气生产厂房

所以，燃料电池汽车要想真正做到高效率，应想办法解决制造氢气燃料的问题。

4. 随身携带"氢弹"的汽车

无论是传统汽车还是新能源汽车，安全始终放在第一位。

（1）制造安全要求标准高

制造燃料电池电动汽车的安全标准要求很高，不仅仅对燃料电池本身提出很高的要求，对地面加氢站、移动加氢站、加氢机的安全标准同样很高。国外的燃料电池电动汽车（FCV）及其配套设施的标准在安全方面占了近60%的篇幅。我国也对燃料电池电动汽车的安全标准提出了很高的要求，制订了十几项燃料电池汽车标准，从技术要求到试验方法等都已颁布，如《GB/T 24549—2009 燃料电池电动汽车安全要求》《GB/T 29124—2012 氢燃料电池汽车示范运行配套设施规范》《GB/T 29123—2012 示范运行氢燃料电池电动汽车技术规范》《燃料电池电动汽车车载氢系统试验方法》和《燃料电池电动汽车车载氢系统技术条件》等，这些标准中安全占的篇幅超过了50%。

（2）先进技术确保安全

质子交换膜PEMFC电堆主要通过两个方面控制安全：一个是电池组的保护，需要在检测到电压和温度异常之后，在极短时间内切断氢气和空气的供给，从而避免事故的发生；另外一方面是氢气的监控，这是主要的安全隐患。丰田和奔驰公司对其燃料电池电动汽车的综合测试结果表明，即使在工作状态下对电堆进行穿刺短路，都不会引起电堆火灾和爆炸发生，这主要是因为电堆内部氢气的量并不大，而且氢气/空气可以迅速被切断。

针对电堆本身来说，氢气的泄漏点主要有两处，一处是在氢气供给接口；另外一处是膜、膜电极组（MEA）的层叠间隙处。当前的氢气传感器技术不论是在灵敏度还是可靠性方面都已经非常成熟，可以保证控制系统在极短时间内切断氢气气路，从而避免氢气在动力舱的积累。

（3）储氢系统的安全性

PEMFC系统最大的安全隐患在于储氢罐。目前燃料电池电动汽车普遍采用的是玻璃纤维/碳纤维增强超高压铝瓶储氢，压力可以高达70MPa。氢气储存量取决于铝瓶的容积和数量，目前几大汽车公司的燃料电池电动汽车普遍装载5～10kg的氢气，可以满足350～700km的续航里程。一般而言，氢气的爆炸体积范围在13%～59%。

（4）什么条件下可能引起爆炸？

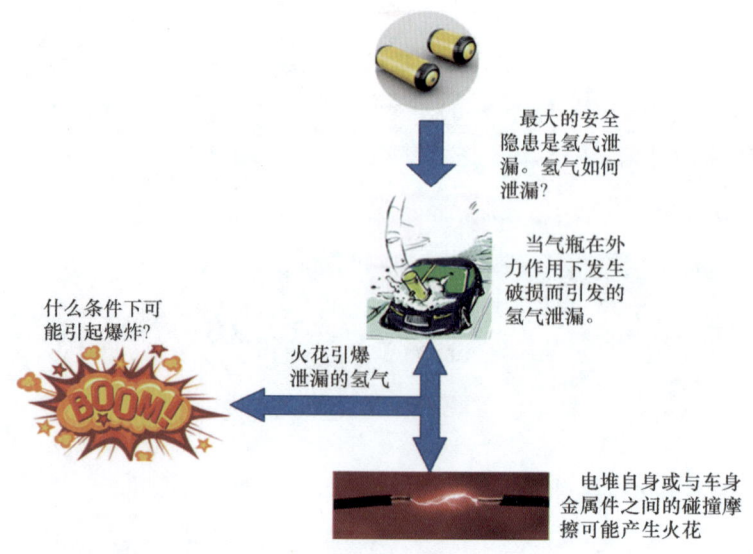

因此，如何避免储氢罐不因外力而受到破损，以及破损以后如何避免氢气爆炸，是燃料电池电动汽车最关键安全性的考核因素。

目前广泛使用的 70MPa 高压铝瓶，国际上已经有数千次的加压/减压测试记录，应该说在抗应力疲劳方面过关。为了避免外力损伤，国际几大汽车公司普遍选择将储氢罐放置在后排座椅下面或者这个汽车上相对比较安全的部位。一般气罐旁边、驾驶室和动力舱都安装了氢气传感器，随时检测氢气浓度，储氢罐还安装了应急排放阀，以降低破损以后氢气的积累。一般而言，燃料电池电动汽车只有在遭受重大交通事故或者应力疲劳导致储氢瓶破损氢气泄漏的情况下，才有可能引发像爆炸这样的重大安全问题。

通常，氢气泄露积累到爆炸下限浓度要数十秒的时间，在氢气传感器的警报下乘客有一定的逃离时间。氢气的特点是非常轻，泄漏之后迅速上升，只要通风良好，在开阔的马路上一般不会发生爆炸危险。

人们对于氢气的安全性问题存在一定的认识误区。研究试验结果表明氢燃料电池电动汽车着火的安全性高于汽油车。

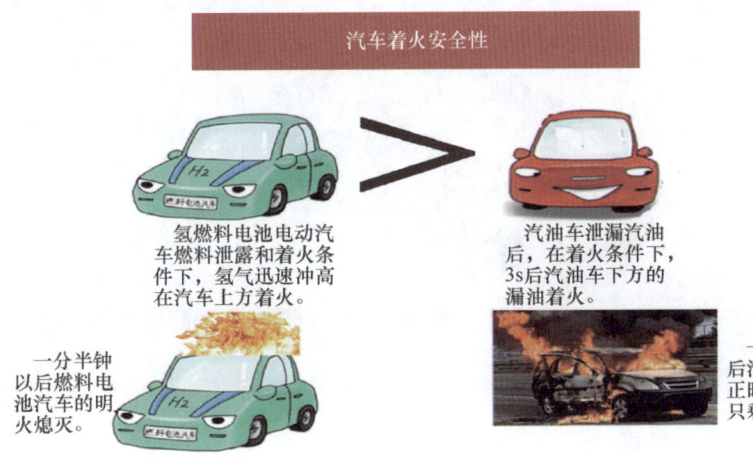

德国 BMW、Daimler-Benz 和中国汽研中心等国内外很多研究机构也都做过氢燃料电池的碰撞、泡水、跌落实验，储氢罐的碰撞和灼烧试验以及燃料电池电动汽车整车的碰撞试验，均未出现重大安全问题。

当然，燃料电池电动汽车安全性问题需要在量产的基础上进行大规模的测试和数据采集，才可能有更加深入的认识。相信通过先进技术的研发，燃料电池电动汽车的安全性会进一步加强。

5. 全球首款燃料电池电动汽车 Mirai

丰田 Mirai 长宽高分别为 4870mm、1810mm、1535mm，轴距为 2780mm。650km 的续航里程、3min 的加氢时间、10s 的百公里加速时间让 Mirai 完全可以媲美传统内燃机汽车。

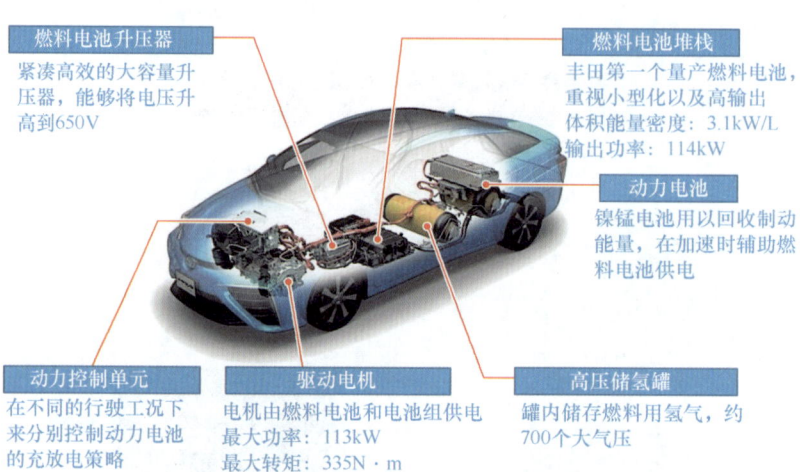

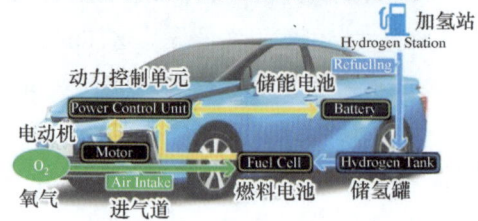

丰田Mirai燃料电池堆栈

（1）丰田 Mirai 的工作原理

利用氢气跟氧气化学反应过程中的电荷转移来形成电流，这一过程最关键的技术就是利用特殊的"电解质薄膜"将氢气拆分，即质子膜燃料电池（PEMFC）。

因为氢分子体积小,可以透过薄膜的微小孔洞游离到对面去,但是在穿越孔洞的过程中,电子被从分子上剥离,只留下带正电的氢质子通过,氢质子被吸引到薄膜另一侧的电极与氧分子结合。电解质薄膜两侧的电极板将氢气拆分成氢离子(正电)和电子,将氧气拆分成氧离子(负电)和电子,电子在电极板之间形成电流,两个氢离子和一个氧离子结合成为水,是反应的废物。

(2) 储存氢气技术

氢气跟汽油不同,常温下氢气是气体,密度非常低并且非常难液化,常温下更是无法液化,氢气要安全储藏和运输并不容易。因此氢气没法像汽油那样可直接注入油箱里。丰田设计了一大一小两个储氢罐,通过高压的方式尽可能多充入一些氢气。以目前的主流储存技术,丰田选用了 700MPa 也就是 700 个大气压的高压储气罐,类似常见的"煤气罐",只不过罐体更厚重。两个储氢罐一共的容量是 122.4L,采用 700 个大气压储存,也只能容纳约 5kg 的氢气。实际上燃料的重量并不大,只是储氢罐特别笨重。

多重纤维材料的组合应用以及不同的纤维编制形成,能够有效地发挥各种纤维的物理特性。适合不同的罐体区域的受力情况,减少了 40% 的纤维用量。

车上有两个承受 700 个大气压的氢气罐,会是坐在两个炸弹上面开车吗?不用担心。储氢罐被设计成四层结构,铝合金的罐体内部衬有塑料内胆,外面包裹一层碳纤维强化塑料的保护层,保护层外侧再增加一层玻璃纤维材料的减振保护层,并且每一层的纤维纹路都根据所处罐身位置不同而做了额外的优化,使纤维顺着压力分布的方向，提升保护层的效果。确保行驶过程的安全性。

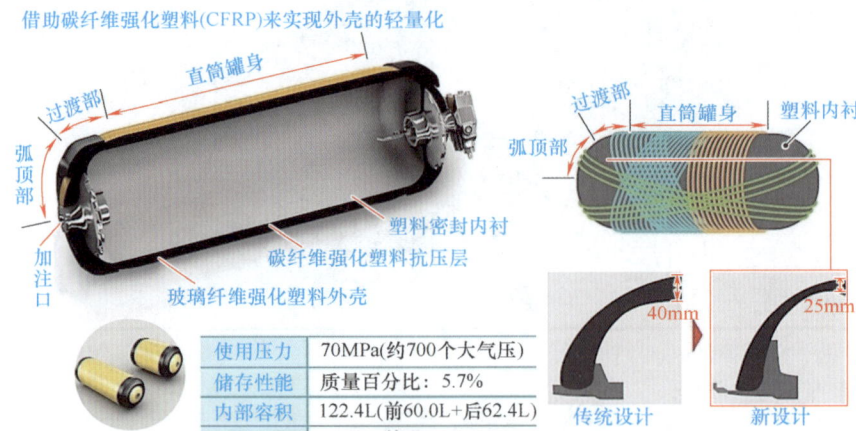

（3）燃料电池堆栈+镍氢电池混合动力驱动

直接驱动 Mirai 车轮的电动机功率是 113kW，峰值转矩 335N·m，基本相当于一辆 2.0L 自然吸气发动机的动力水平。除了燃料电池堆栈发电之外，Mirai 后轴上方布置的 1.6kW·h 的镍氢电池组——动力电池+储能电池也有着非常重要的作用。在整车负载低的时候可以单独用它供电带动车辆前进，与此同时燃料电池堆栈发出来的电可以给电池充电，用镍氢电池充当一个"缓存"；当车辆有更大动力需求时，镍氢电池组能量不足，这时燃料电池堆栈就直接向电动机输电，跟镍氢电池组实现双重供电来满足需求；当车辆减速行驶的时候，电动机转化为发电机来回收动能，电量直接输送到镍氢电池组内储存起来。

 想一想

燃料电池电动汽车属于纯电动汽车吗？

知识拓展

丰田质子膜燃料电池（PEMFC）的工作原理：
1）丰田 2008 年使用的燃料电池技术。

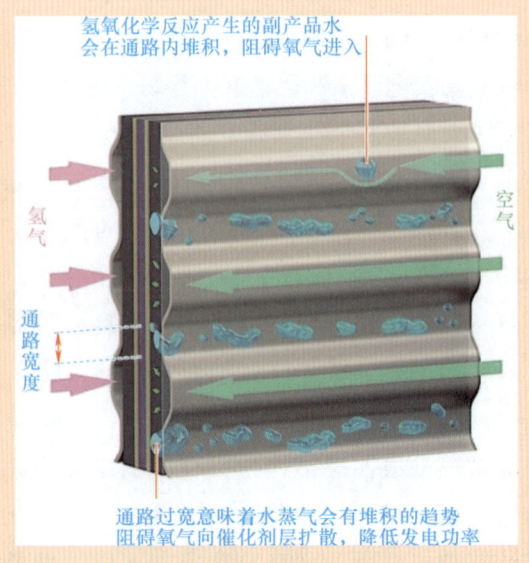

2）丰田 2016 年使用的燃料电池技术。

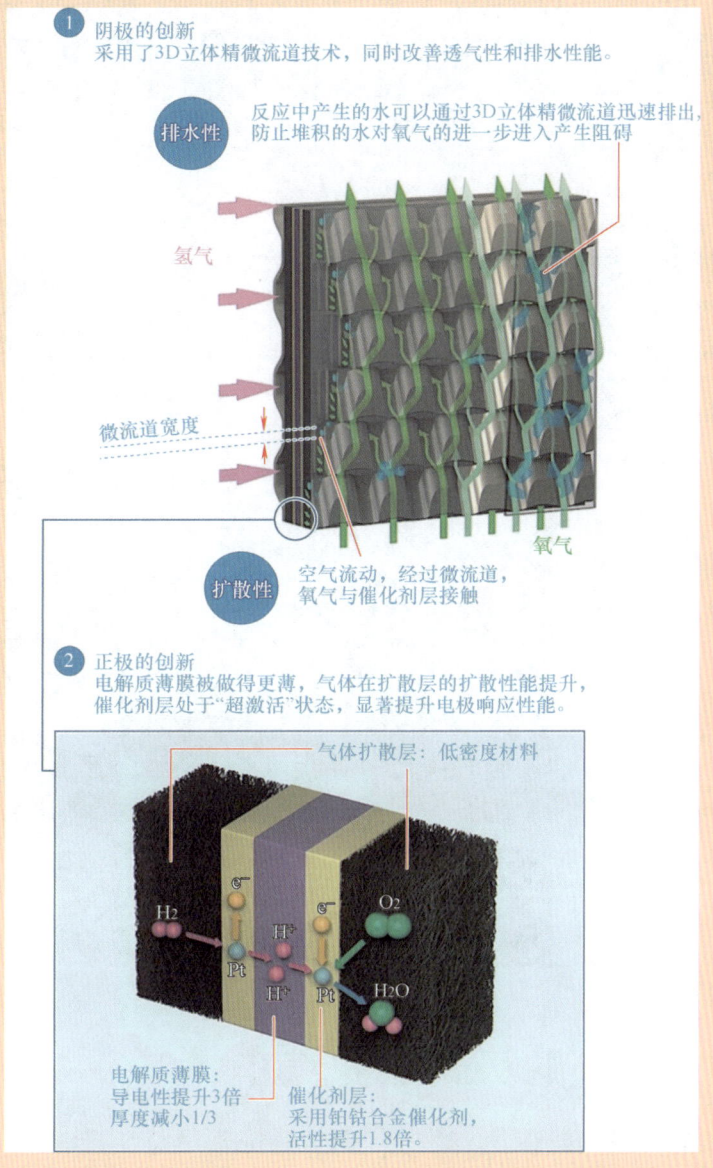

丰田 Mirai 燃料电池堆栈中每片电池发电的电压大约在 0.6~0.8V，整体也不会超过 300V 电压，所以为了更好地驱动电动机，还安装了一个升压器，将电压提升到 650V。

八、购买新能源汽车

1. 去哪购买新能源汽车

（1） 任何城市都能购买到新能源汽车吗？

国家公布了新能源汽车推广应用城市名单，只有进入名单的城市才能推广新能源汽车，当地消费者才能在本地购买新能源汽车，并享受补贴。根据各地新能源汽车推广应用方案申报情况，财政部、科技部、工业和信息化部、发展改革委员会分别于2013年11月、2014年1月发布了两批新能源汽车推广应用城市（群）名单，包括39个城市群，共88个城市列入新能源汽车推广应用城市。具体的推广城市名单见附录。

（2） 去哪购买新能源汽车？

现在的新能源汽车购买场所还是以4S店为主，由于新能源汽车的产品较少，一般的4S店是燃油汽车与新能源汽车同时销售，如比亚迪4S店、江淮4S店。也有不少新能源汽车有单独的4S店进行销售，如北汽新能源汽车、腾势和特斯拉。

新能源汽车摇号
注意事项

除了在4S店购买新能源汽车以外，还有一些新能源汽车超市，现场提供多品牌的新能源汽车供客户选购，其服务主要包括车辆的信息咨询、选购、保险及上牌等，但售后服务环节目前还未涉足，比如维护、维修等服务还是需要去厂家指定的电动汽车维修店去做，流程与传统车一样。

2. 购买后的汽车怎么安装充电桩

在购买纯电动汽车时，很多人都担心充电问题。就目前而言，电动汽车的充电方式主要有两种：

一种是使用公共充电桩，现阶段使用公共充电桩充电时，车主不得不面临充电等待时间长、寻找充电桩等问题。

另一种是家庭充电，所以车主有个家用充电桩是最为理想的选择。

（1）北京购买新能源汽车充电桩的安装步骤：

1）需要有固定的停车位。

2）购车的时候申请安装充电桩，按照要求提交申请表。

3）跟小区物业沟通，确保小区物业会配合供应电力，物业同意确认，让物业在车位证明表和停车位安装充电设备申请表盖章，与安装充电桩申请表一起提交。

4）申请通过后，安装充电桩的工作人员会在15个工作日内主动联系你，询问安装环境。

5）工作人员上门，与物业配合，查看配电室，估算安装的距离，充电线30m内免费，超过30m每米单算钱。

6）工作人员安装充电桩，安装完毕后有一根专用的充电线供新能源汽车充电。

电动汽车充电桩的使用

（2）北汽新能源汽车充电桩的安装指南

目前北汽提供了4种充电桩方案，分别是公共充电桩、北汽电桩、插座充电和家用充电桩。在公共充电桩和家用充电桩，使用电卡来充电。在北汽4S店的充电桩充电，前两年是免费，两年后是否收钱还待定。插座充电只适合在低楼层用户，自己只需要牵一根电线插盘。

北汽为购车用户免费提供一个慢充充电桩，充电电压为220V，它的充电速度与国标慢速充电桩一致，充满一辆车需要6~8h，电费采用民用电价。如果用户买车时不方便安装充电桩，北汽可以为你保留这个充电桩一年。在一年以内没有安装，免费安装充电桩的优惠失效。

北汽新能源家用充电桩安装指南表

充电桩费用	免费
安装费用	充电线在30m以内，不拆梁和挖地面等大动作施工，不需要费用，否则客户承担超出费用
安装时间	最快10个工作日以内
安装公司	第三方安装公司
安装范围	购车经销商服务范围内
是否会协助交涉	无偿帮助、协商交涉
保修负责方	充电桩生产厂家
保修政策	质保三年，客户自己联系
其他政策	用户买车时不方便安装充电桩，北汽可以为你保留一年充电桩

(3) 比亚迪新能源汽车充电桩的安装指南

比亚迪有两种充电桩可供用户选择，一种是 7kW 的家用充电桩，该充电桩使用的是 220V 电压，充电时间约为 10h，采用民用电价来计费，结算方式参照家庭用电；另一种是 40kW 高压充电桩，该充电桩使用 380V 电压，大概 2h 就可以将电池充满。比亚迪可以免费提供 7kW 的家用充电桩，如果用户选择 40kW 高压充电桩，自己需要花 6000 元来购买。

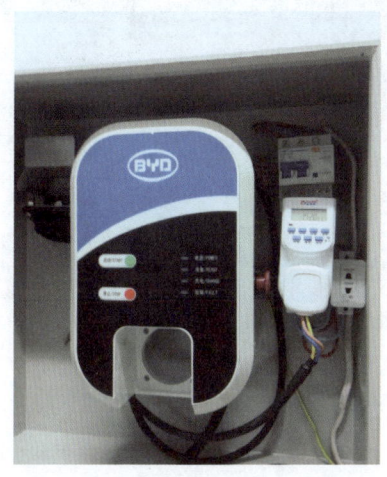

比亚迪需要消费者有固定的车位或者允许安装充电桩的停车位置，消费者需要提交相应证明材料来申请安装。比亚迪有专门的安装队伍，用户可以选择让比亚迪安装充电桩，也可以选择让国家电网安装。选择国家电网安装完全免费。选择比亚迪安装，用户需要掏钱，而两者安装速度基本相同，都在一周以内。

比亚迪 220V 家用充电桩安装指南表

充电桩费用	民用 220V 充电桩免费，高压充电桩需要缴费 6000 元
安装费用	充电线 50m 以内免费，高压充电桩施工需要收费
安装时间	在一周以内
安装公司	第三方安装公司或者比亚迪专门的施工队
安装范围	购车经销商服务范围内
是否会协助交涉	帮助协商交涉
保修负责方	比亚迪
保修政策	6 年质保
其他政策	高压充电桩不是所有小区都能安装

(4) 特斯拉新能源汽车充电桩的安装指南

目前，特斯拉在市场仅投放了 Model S 车型，根据配置的不同，其续航里程为 442 ~

502km。特斯拉 Model S 目前有家用充电桩、目的地充电桩、超级充电站和通用移动充电器四种充电方式。

特斯拉家用充电桩的基本情况

充电模式	充电电压/V	充电功率/kW	充电速度	充电费用	结算方式	能否限制别人使用
低功率交流充电	220	11	每小时充电可行驶里程约为40km	民用电价	同家庭用电	否
高功率交流充电	380	未公布	每小时充电可行驶里程约为100km	工业电价	未公布	未公布

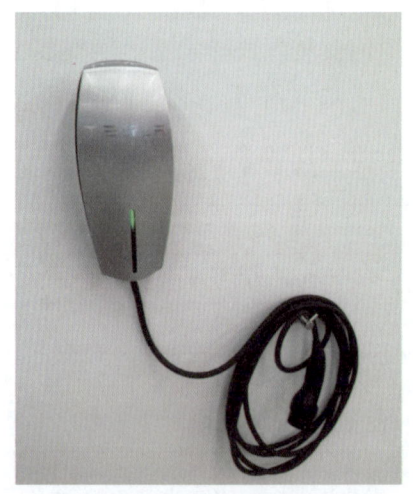

特斯拉家用充电桩安装指南表

充电桩费用	免费
安装费用	充电线30m以内免费
安装时间	条件允许下在一周以内
安装公司	第三方服务商
安装范围	全国（部分地区需要提供差旅费）

(续)

是否会协助交涉	可以在所有环节无偿协助交涉
保修负责方	特斯拉售后
保修政策	2年免费维保/48小时免费上门检修
其他政策	可以提供购车前免费预勘测服务，380V充电桩不免费提供

知识拓展

什么是充电桩？

充电桩是电动汽车的充电装置，具有充电、计费和安全防护等功能。

按照充电方式充电桩可分为交流充电桩、直流充电桩和非接触式充电桩等。

1）交流充电桩：为电动汽车提供220V交流电源，通过车载充电机为电动汽车电池充电，功率一般为7kW以内。

2）直流充电桩：把交流电源交换为直流电源后直接为电动汽车电池充电，功率为几十到几百千瓦不等，常用37.5kW、50kW、100kW和120kW等规格等级。

3）非接触式充电桩：也称无线充电，工作原理主要包括电磁感应和磁共振两种。在无线充电过程中，地面线圈和装载在车辆上的线圈产生电磁感应，以此来给电动汽车动力电池进行充电。

← 立式充电桩

← 壁挂式充电桩

← 便携式充电器

（5） 在北京物业不支持安装充电桩怎么办？

2014年7月1日，由北京市住建委、市发改委、市科委和市民防局联合发布《关于推进物业管理区域新能源小客车自用充电设施安装的通知》，要求物业服务企业应做好配合充电设施建设单位勘查现场、提供图纸、指认暗埋管线走向和现场施工等工作，不得借机收取费用。如物业服务企业不配合，社会公众可进行投诉，各区县行政主管部门将责令其改正，并依照《北京市物业服务企业信用信息管理办法》规定进行信用记分，同时公开曝光。

3. 购买时关注哪些主要指标

新能源汽车
重要指标

在选择传统燃油汽车时，我们会考虑汽车的一些性能：如自动档还是手动档、油耗、外观、动力性、舒适性和安全性等。

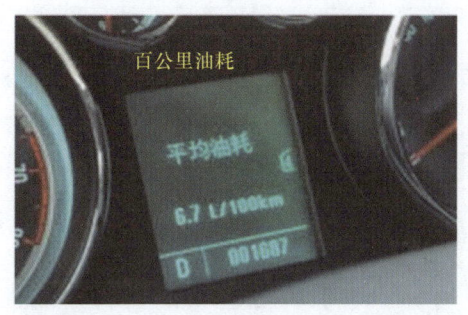

同样在选择新能源汽车时,也有一些指标供大家对比。其中,电池容量和续航里程是必须要考虑的。

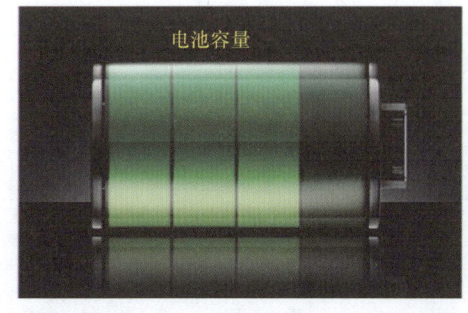
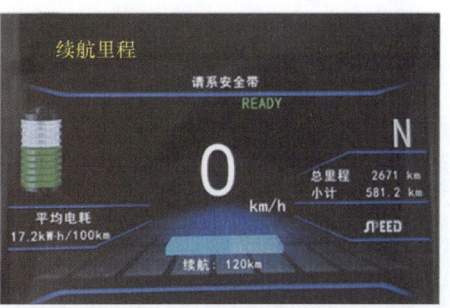

除此之外还需要考虑以下指标:

走进新能源汽车

- 电动车在良好道路上以最低行驶车速上坡行驶的最大坡度。对于电动汽车来说,经常在状况较好的道路上行驶,爬坡能力关注较少。（最大爬坡度）

- 功效比=最大功率/电池容量,它是指电池单位容量(A·h)可以产生的功率,数值越高,说明电池效率越高,车辆的运动性能越好。（功效比）

- 指汽车在无风的条件下,在水平良好硬路面上所能到达的最高速度。（最高车速）

- 程价比=续航里程/指导价格,它是指每万元最高可供行驶距离,数据越高,说明每1万元钱的续航里程越高,花费一样的钱,行驶距离越远,性价比越高。（程价比）

- 汽车原地起步的加速能力和超车加速能力,一般采用汽车加速过程中所经过的加速时间和加速距离作为评价汽车加速性的指标。但是加速性能的测试与驾驶人的驾车技术与环境有密切的联系。驾驶人技术水平的不同,行驶路面的不同,气候条件的不同,反映出来的加速时间会不同。车厂给出的参数往往是样车所能达到的最佳值,这个数值仅能作为参考。（加速能力）

九、使用电动汽车

1. 没有变速杆的纯电动汽车怎么开

还跟燃油车一样驾驶吗?

在驾驶传统的燃油汽车和纯电动汽车时,两者驾驶方法大部分都是一样,这也是为什么想要驾驶纯电动汽车也需要取得中华人民共和国机动车驾驶证,才可以驾驶与准驾车型相符合的电动汽车上路。但是电动汽车因为其动力系统与传统燃油汽车的不同,变速杆也不一样,因此其起动过程略有不同。

电动车的起动过程

汽车钥匙转到起动档(或者按下起动按钮)。

↓

此时电动汽车也只是处于准备就绪状态,电机不工作。

↓

驾驶人将变速杆(旋钮)从P位(停车档)拨到D位,随后踩下加速踏板,电动车起动。

笔记

起动以后的驾驶方式如加速、制动、转向等操作与传统燃油车一样。只是在行驶过程中,当我们放开加速踏板后,会有明显的减速感,是因为电机转化为发电机充电,又因为电动车本身的车重的因素,所以其减速感明显。

电动汽车使用的注意事项:

1)电动汽车起动时,不允许先踩加速踏板,后闭合高压开关。

2)电动汽车行驶时,一般情况下都不要猛加速、猛减速,尽可能保持匀速行驶或间断滑行。当高速行驶需要减速时,应轻踩制动踏板用电制动进行减速。如需车辆停止,则继续踩下踏板进行电压和气压制动或用驻车制动器使车辆停住。

3)在车辆行驶状态下,不能切换档位。

4)要特别注意控制器、接触器及所有接线端子的清洁和保护,严禁掉入金属杂物及水滴等物体。

5)电动汽车在雨天行驶时,涉水深度不能超过150mm,涉水时行驶速度不应超过5km/h。

6)当需要拖车时,要挂入空档,否则反拖电机可能会造成电机及电机控制器烧损。

7)电动汽车转向时,转向盘转到极限位置后不能再继续用力转动转向盘,也不要长时间使转向盘处于转动的极限位置。

8)行驶过程中要注意观察动力电池系统的状态,如电压、电量、电流和温度等参数。

2. 满血复活:快充和慢充

快充、慢充都能让我满血复活,只是需要的时间不一样。

(1)快充

快充又称应急充电,是在电动汽车停车的20min~2h内,以较大的电流为其提供短时快速充电服务。

快速充电一般具有以下特征:充电电压高,且为直流电压充电,需要通过整流装置将交流电变换成直流电。充电电流大,是常规充电电流的十倍甚至几十倍,对动力电池组产生巨大的电流冲击。

快速充电装置工作时,输出电流会发生剧烈变化,其峰值能都达到数百安培,而且电流变化过程时间不超过1min,这样的电流变化会对电网造成很大冲击,且大量电动汽车在相近时段内密集快速充电时,负荷总量将考验电网的稳定性和承载能力。

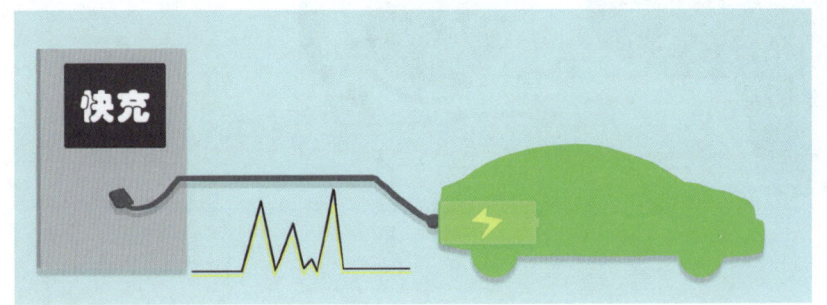

(2) 慢充

慢充采用较低的电流为车用动力电池进行充电,充电时间一般在3h以上,这种充电方式叫作常规充电,也叫慢充。此种方式下,充电电流和功率都较低,一般采用交流充电方式,对电池寿命影响和对电网冲击都较小,还可以充分利用电力低谷时段充电,降低了成本。但此种方式充电时间较长,需要长时间占用一个停车位进行充电,当车辆有紧急电能补充需要时难以满足。

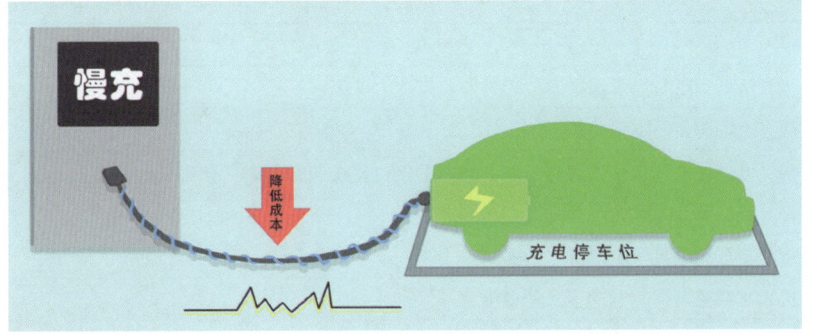

知识拓展

根据充电模式的不同,电动汽车上的充电接口主要有慢充接口和快充接口两种。

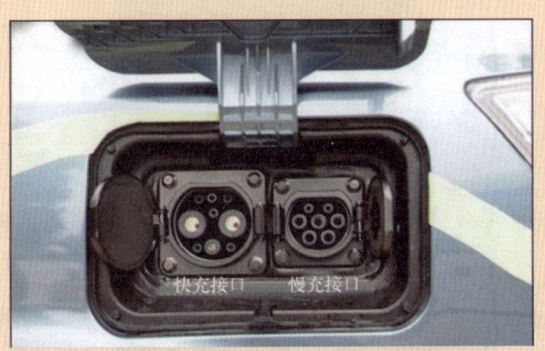

目前充电接口标准还没有实现国际上的统一，下图为我国国标规定的充电接口。

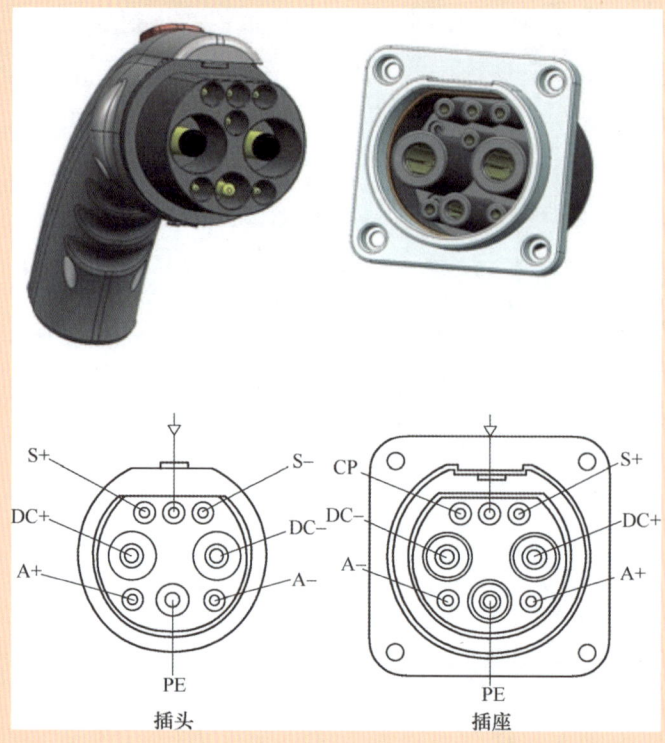

直流充电接口端子功能定义

触点编号/功能	功能定义
1　直流电源正极（DC+）	连接直流电源正与电源正极
2　直流电源负极（DC-）	连接直流电源负与电源负极
3　保护接地（⏚或PE）	连接供电设备地线和车辆底盘地线，在充电接口连接和断开时，该端子相对于其他端子首先完成连接，并最后断开
4　充电通信CAN-H（S+）	连接非车载充电机与电动汽车的通信线
5　充电通信CAN-L（S-）	连接非车载充电机与电动汽车的通信线
6　充电通信CAN屏蔽	连接CAN通信用屏蔽线
7　低压辅助电源正（A+）	连接非车载充电机为电动汽车提供低压辅助电源正
8　低压辅助电源负（A-）	连接非车载充电机为电动汽车提供低压辅助电源负

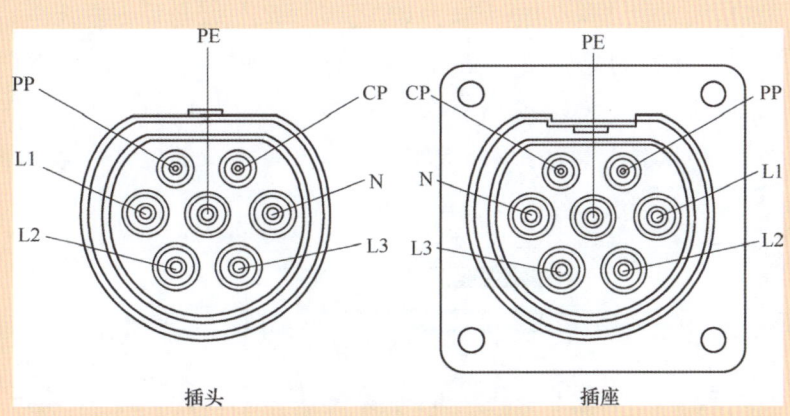

交流充电接口端子功能定义

触点编号/功能	功能定义	触点编号/功能	功能定义
1 交流电源（L1）	交流电源	5 保护接地（PE）	连接供电设备地线和车辆底盘地线
2 交流电源（L2）	交流电源	6 控制确认1（CP）	控制确认1
3 交流电源（L3）	交流电源	7 控制确认2（PP）	控制确认2
4 中性线（N）	—		

未来北汽、比亚迪、宝马、大众、奔驰等车企的新能源汽车可能采用完全一样的充电接口，在2014年7月8日举办的"中德电动汽车充电项目"活动，旨在推动中德共同研究电动汽车充电基础设施建设和有关使用环境，统一相关接口标准。

3. 去哪里找公用充电桩

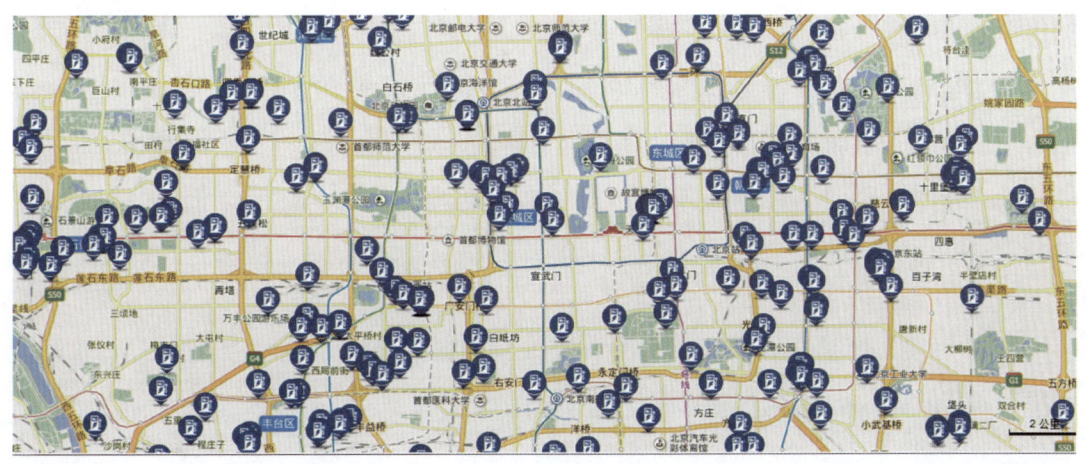

针对公用领域的充电设施，各个销售新能源汽车的城市兴建了公共充电桩来推广新能源汽车。

（1）北京打造5km充电圈

北京截至2015年底，共建成公用充电桩5008根，覆盖了新能源汽车4S店、电网售电窗口、P+R停车场（换乘停车场）、学校、科技园区、大型停车场、酒店、飞机场、火车站、医院、超市、会议中心、旅游胜地和高速路服务区等场所。并且 2016 年将再建 5000 根。2016 年 1 月,"电动社区"行动计划暨北京市充电设施公共服务管理平台(e 充网)启动,将遴选 500 家社区率先实现电源条件到车位,并在无充电桩安装条件社区率先投放 500 台移动充电车。

现在有不少关于电动汽车的智能服务平台手机客户端,全市所有公用充电桩的位置与导航信息均收入到了客户端。

2016 年 1 月 1 日,国家正式发布实施了电动汽车充电接口及通信协议等 5 项国家标准。在 2016 年 6 月底之前,市发改委将牵头完成北京社会公用领域不少于 5000 根充电桩的升级改造,解决车桩不兼容造成的充电难题。到 2016 年 6 月底,相关的手机客户端将实现公共充电桩的统一支付结算、实时数据更新和充电桩预约等功能。

(2) 政策支持公共充电设施建设

北京出台了北京市各类场所充电设施配建指标相关政策,明确对于新建各类建筑物中电动汽车停车位配建标准,提出住宅按照配建停车位的 18% 作为电动汽车停车位控制;办公场所按照配建停车位的 25% 作为电动汽车停车位控制;商业及社会停车场库(含 P+R 停车场)按照配建停车位的 20% 作为电动汽车停车位控制;其他性质(如医院、学校、文体设施等)建筑物按照配建停车位的 15% 作为电动汽车停车位控制。

4. 智能化的中控信息娱乐系统

电动汽车本身是一个电气化的机动车,因为其电气化,很容易把现在比较成熟的智能化的技术融合在电动汽车的中控系统中。随着电动汽车技术的发展,高清大屏化、集成化、智能化是未来汽车显示屏的发展趋势,而且伴随互联网技术与汽车技术融合的加深,汽车显示屏将带给驾乘人员更多、更便捷、更舒适的功能和体验。

（1） 中控显示屏的发展趋势

1）屏幕尺寸变大，会达到 10in 及以上，且更加高清（1080p），同时 OLED 机电激光显示、触感屏、曲屏等新的屏会陆续出现在汽车上。自主品牌中的电动汽车如北汽 EV200、江淮 iev5、众泰云 100、知豆 D2 等车型的中控屏均有加大趋势。众泰汽车于 2015 年推出的 E30 车型的中控屏已接近特斯拉的中控屏。

2）多屏合一，主要指内在主机合一的功能，如仪表盘、中控屏的合一。

3）除显示方面的优化外，功能也更加全面，比如会实现实时在线。

4）裸眼 3D、实景增强等新显示技术将得到应用。

现在的电动汽车中控显示屏集合了娱乐、社交、信息、导航等实用功能，在提高驾驶乐趣的同时也提供便利性，其实也间接地提高了安全性。

（2） EV200 的中控信息系统

1）基本参数。

① 显示屏：800mm×480mm。

② 触摸屏：电阻式，单点触摸屏。

③ 操作系统：WinCE。

④ 触摸式按键。

⑤ 多种扩充接口：USB，AUX，SD。

2）功能按键定义及外部接口说明。

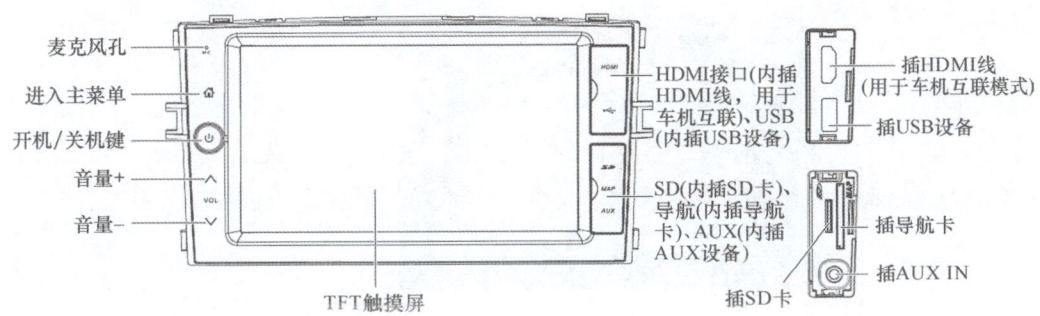

3）主要功能。

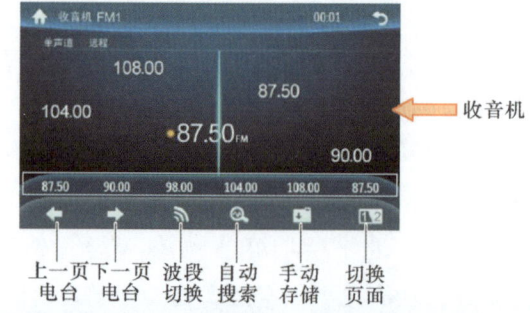

收音机

上一页电台　下一页电台　波段切换　自动搜索　手动存储　切换页面

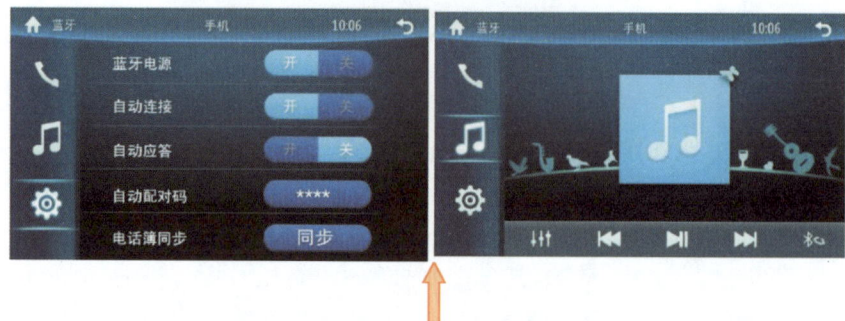

蓝牙连接实现音乐同步和电话同步

手机和中控屏互联

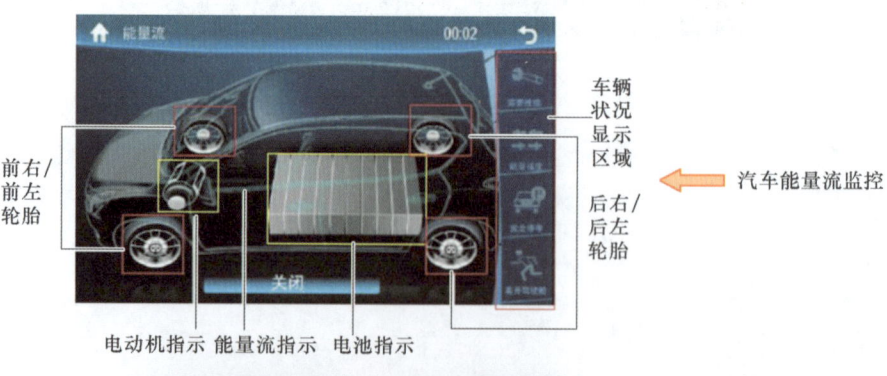

车辆状况显示区域

前右/前左轮胎　　后右/后左轮胎

汽车能量流监控

电动机指示　能量流指示　电池指示

倒车影像

> **知识拓展**
>
> 有机发光二极管屏幕（OLED，又被称为有机电激光显示）：显示屏不仅具有全固态、轻薄、主动发光、高画质、低耗电等优点，还可以用于尝试透明、卷轴、折叠、曲面等突破传统的屏幕形式。

5. 电动汽车的日常维护

纯电动汽车的电池组与电机代替了普通汽车的发动机来驱动汽车行驶。缺少了发动机，不需要换机油、处理积炭等，减少了很多维护程序。

电动汽车与燃油汽车维护项目对比

序号	项目	传统燃油汽车	纯电动汽车
1	发动机机油	√	×
2	机油滤清器	√	×
3	空气滤清器	√	×
4	空调滤清器	√	√
5	汽油滤清器	√	×
6	制动液	√	√
7	减（变）速器油	√	√
8	火花塞	√	×
9	发动机冷却液	√	×
10	电池组健康、驱动电机和控制器的状态检测	×	√
11	电气系统绝缘情况检查	×	√

但是为保证其良好的行驶状态，确保其能长期可靠的运行，正确的维护对于安全驾驶和减少车辆的维修成本仍然必不可少。通常情况下，维护项目分别为制动系统、空调系统、充电系统、底盘部分检查、车身部分检查、动力电池系统检查、冷却系统检查、转向系统检查和附加项目等检查9个大项目，共计近50项小项。

> **知识拓展**
>
> 电动汽车主要的部件为电机、电池和电控系统，大多数厂商都对这些部件提供 5 年或 10 万公里质保。如北汽新能源汽车承诺整车 3 年或 6 万公里，核心部件 6 年或 15 万公里维护全免费，为消费者节省了保养开支。

6. 电动车的售后服务

售后服务就是在商品出售以后所提供的各种服务活动，售后服务的优劣能影响消费者的满意程度。

（1） EV200 售后服务承诺

北汽新能源提供整车 3 年或 6 万公里，核心部件 6 年或 15 万公里的超长质保，并且在打造一个涵盖 100 家服务站、服务半径不超 20km 的服务保障体系。同时承诺 5 年或 10 万公里内的维护全免费，维修维护工期超过 48h 还提供免费代步车接送。为营运车辆提供 1 年或 10 万公里整车质量担保。

（2） 比亚迪 e6 售后服务承诺

整体车型实行 4 年或 10 万公里超长质保。多媒体系统、蓄电池等质保期限在 2 年或 6 万公里，比亚迪电动汽车核心部件质保期在 6 年或 15 万公里，电芯终身保修。而像其他易耗配件火花塞、轮胎等与燃油车基本一致。

（3） 特斯拉 MODEL S 售后服务承诺

特斯拉 MODEL S 的整车质保是 4 年或 8 万公里，电池组质量终身质保。

（4） 目前电动汽车售后服务存在的问题

1）零部件繁杂真假难辨。电动汽车的主要配件多数是在国外进口，虽然国内近些年也加强了对动力电池的研究，可目前这些配件还是以进口为主。

2）售后技术水平低下。电动汽车的发展时间短，维修人员的技术水平普遍比较低下。一般售后维修人员对于普通车辆的维修比较熟练，对于电动汽车的维修知识水平不够。电动汽车上有高压电系统，随意操作容易发生触电危险。现在电动汽车售后维修多是直接更换配件，无法利用先进的设备进行诊断。

十、电动汽车车联网和手机控制

1. 无处不在的车联网

车联网（IOV：Internet Of Vehicle）是指车与车、车与路、车与人、车与传感设备等交互，实现车辆与公众网络通信的动态移动通信系统。它可以通过车与车、车与人、车与路互联互通实现信息共享，收集车辆、道路和环境的信息，并在信息网络平台上对多源采集的信息进行加工、计算、共享和安全发布，根据不同的功能需求对车辆进行有效的引导与监管，以及提供专业的多媒体与移动互联网应用服务。

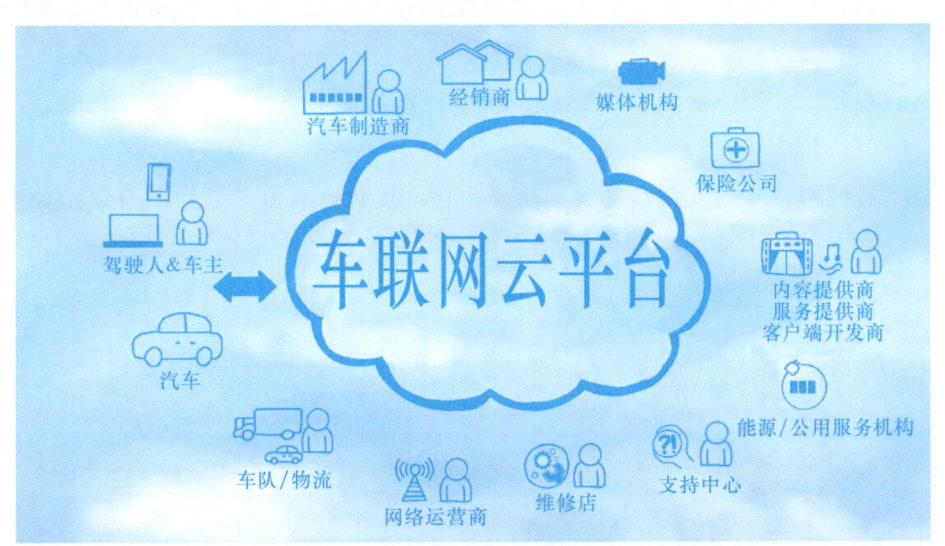

车联网系统通过在车辆仪表台安装车载终端设备，实现对车辆所有工作情况和静、动态信息的采集、存储并发送。

车联网系统包括车载终端、云计算处理平台和数据分析平台三大部分，根据不同行业对车辆的不同功能需求实现对车辆有效监控管理。

车辆的运行往往涉及多项开关量、传感器模拟量、CAN信号数据等，驾驶人在操作车辆运行过程中，产生的车辆数据不断通过数据终端采集并发送到后台数据库，形成海量数据，由云计算平台实现对海量数据的"过滤清洗"，数据分析平台对数据进行报表式处理，供管理人员查看，提供实时的支持。

2. 数据采集终端是什么

数据采集终端是记录电动汽车各系统工作状态的设备，同时能够与监控和服务平台进行通信。一般的数据终端具备以下功能：

1）车载终端能够与整车控制器通过 CAN 总线进行通信，服从整车控制器的控制命令，获取整车的相关信息。车载终端采用"行程长度编码"压缩机制，对 CAN 数据进行数据压缩，以减少存储空间的占用，同时节约网络带宽资源与流量，加快数据传输速度。

2）车载终端能够用 GPS 对车辆进行定位。

3）车载终端能够将大量数据（最大 8GB）存储到本地移动存储设备（SD 卡）中。经存储的数据可由分析处理软件读取和分析。

4）车载终端能够将信息按照规定的时间和数据量，以无线通信（GPRS）的方式发送到服务平台。在此信息传输的过程中，要保证信息的正确性，并且不能将信息丢失。在信息传输的过程中，还需要做到信息的保密，使无线通信的信息不能被他人窃取。

5）黑匣子：车载终端将在本地保存车辆最近运行一段时间的数据，作为"黑匣子"提供车辆故障或事故发生前的数据信息。

6）盲区补传：车载终端支持在通信网络不畅情况下，自动将数据保存至采集终端 flash 存储区内，待网络正常后，自动/人工将数据上传至服务平台。

7）自检功能：当检测到 GPS 模块、主电源等故障时会主动上报警情到监控中心，辅助设备进行检修。

8）远程升级：支持远程自动升级功能，自动接收来自服务平台的升级指令完成软件升级，大大节省了维护成本。必要情况下，借助本车载终端可对车辆通过 CAN 协议进行软件升级。

3. 数据采集终端有什么

（1）车载数据终端的组成

车载数据终端主要由一根天线和一个数据记录仪组成。北汽 EV200 的车载终端组成如下图所示。

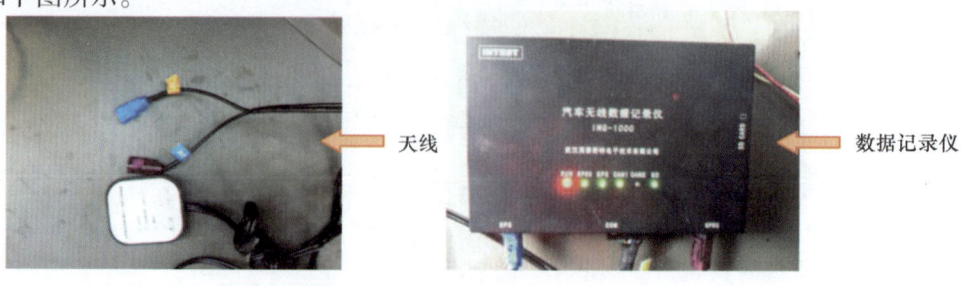

 数据记录仪内有供存储数据的SD卡

 线束和记录仪的连接

（2）数据记录仪指示灯说明

LED	颜色	状态	说明
RUN	红色	闪烁，1Hz	终端运行正常
		其他	终端运行故障
GPRS	绿色	亮	GPRS 已登录
		灭	GPRS 未登录
GPS	绿色	亮	GPS 已定位
		灭	GPS 未定位
CAN1	绿色	亮	CAN1 接收到数据
		灭	CAN1 未接收到数据
CAN2	绿色	亮	CAN2 接收到数据
		灭	CAN2 未接收到数据
SD	绿色	亮	SD 卡正在记录数据
		闪烁，1Hz	SD 卡暂停数据记录
		闪烁，2Hz	插入的 SD 卡未格式化或容量已满
		灭	无 SD 卡，或者 SD 卡加锁（只读）

4. 手机就能控制汽车

现在各厂商推出车联网控制系统。车主通过手机下载相关汽车的客户端，与相关的云服务控制平台进行联系，查看或监控汽车的相关设备。如北汽 EV200 采用的车联网控制系统，通过手机客户端可以实现车辆状态查询、充电状态查询与提示、远程控制（空调、充电）、爱车体检和车辆位置服务等功能。

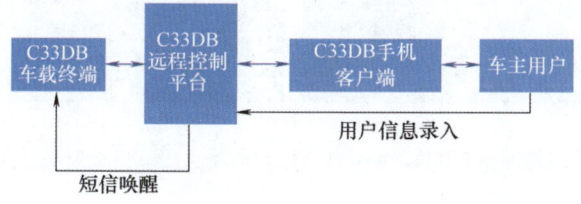

车主可以远程控制空调即时打开，可以选择空调类型和开启时长。

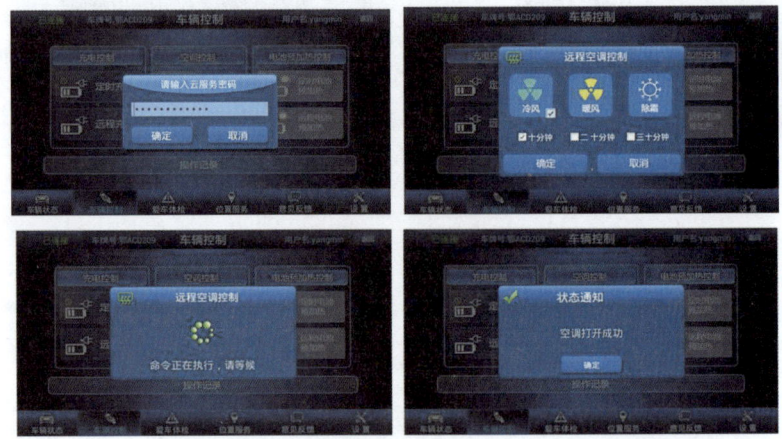

当空调还在开启状态时，可以远程关闭空调，步骤与打开相同。

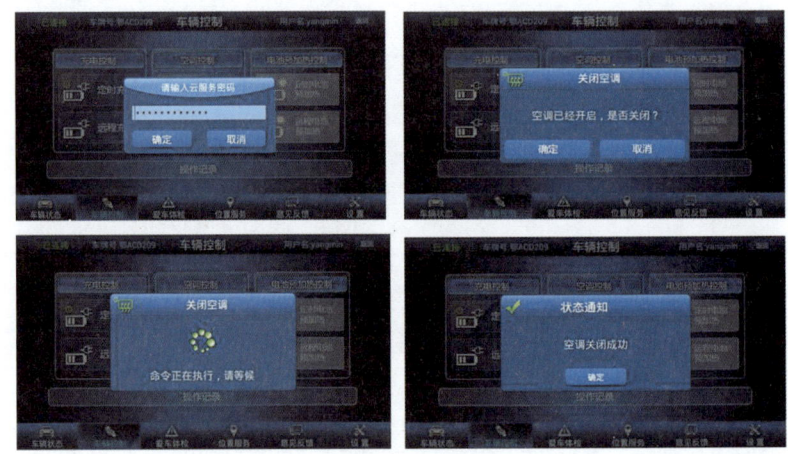

车主可以对自己的车辆进行检查，系统会根据制订的打分策略，按照目前已发生但还未结束的故障进行分数的计算，同时不同级别的分数以不同颜色显示。

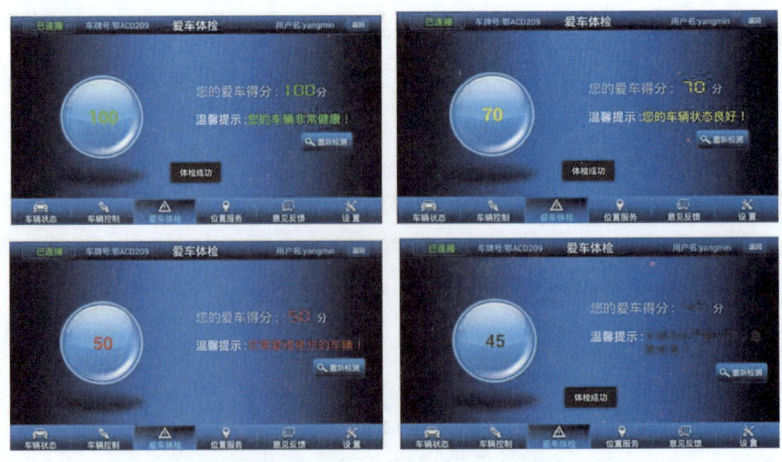

还可以在手机客户端中查询车辆现在的位置及人车直线距离，以便于寻找车辆。

随着科技的发展,通过手机客户端控制汽车已经做得相当完善,除了北汽EV200上的监控功能外,还可以实现起动、停止、开关车门、车速控制和行驶控制,并能监控车内温度、湿度、空气质量,并具有安全防盗功能。

十一、能看到的未来智能化新能源汽车

1. 180°旋转的电动轮

车轮的自由旋转，在电动车上是很有可能实现。采用车轮与电机的结合，直接驱动车轮行驶，动力控制由硬连接改为软连接，通过线控技术对每一个电动轮进行单独控制。同时便于实现性能更佳、成本更低的牵引力控制系统（TSC）和防抱死制动系统（ABS）及动力学控制系统（VDC），容易实现汽车底盘系统的电子化和主动化，极大地改善车辆的驱动性能和行驶性能。

车轮与电机结合的电动车轮叫作轮毂电机，又叫车轮内装电机，它的最大特点就是将动力、传动和制动装置都整合到轮毂内，可以实现车轮独立驱动，极大地简化了电动汽车的机械部分。采用线控技术可以实现各个电动轮从零到最大速度的无级变速和各电动轮之间的差速要求，可以省略传统汽车上的离合器、变速器、传动轴和差速器等，使驱动系统和整车结构大大简化，增大有效利用空间，降低整车质量，提高传动效率。

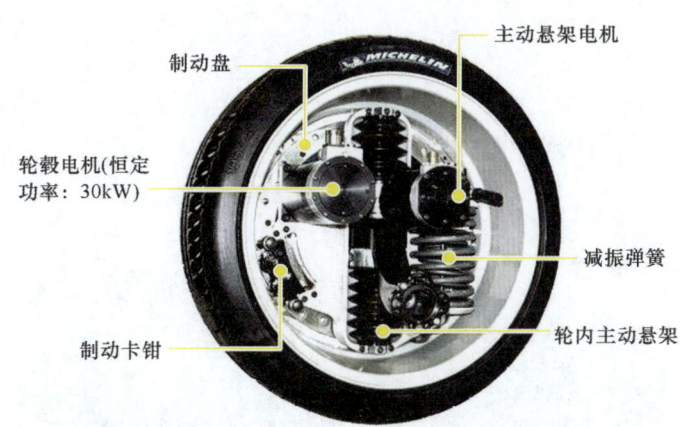

日系厂商对于此项技术在乘用车上使用研发开展较早,目前处于领先地位,包括通用、丰田在内的国际汽车巨头也都对该技术有所涉足。目前国内也有自主品牌汽车厂商开始研发此项技术,在 2011 年上海车展展出的瑞麒 X1 增程电动车就采用了轮毂电机技术。但是目前还没有安装轮毂电机的家用电动汽车投放市场。

2. 无线充电——边跑边充

电动汽车在充电的过程中需要调整好充电汽车的位置,并且还要受到充电线的长短制约,在雨雪天充电时,有安全隐患。为了解决这个问题,应该说在不久的将来无线充电方式将在汽车上使用。

(1) 无线充电系统的组成

主要由充电器、发射端和汽车上的接收端组成。

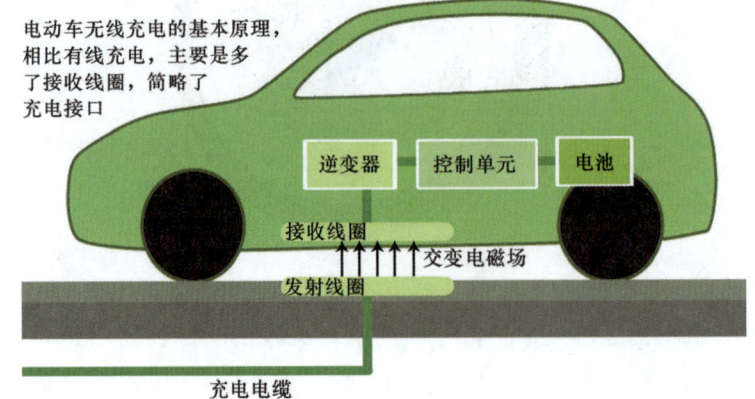

电动车无线充电的基本原理，相比有线充电，主要是多了接收线圈，简略了充电接口

(2) 无线充电的原理

在发射端将电能转换成电磁波并发射出去，接收端接收到电磁波之后，再将其转换成电能，就可以进行充电了。

1）按照实现方式分类。可分为电磁感应式、无线电波式以及磁场共振式三种方式。

① 电磁感应式：使用两个互感线圈进行无线充电。当输入端线圈中的电流发生变化时，输出端线圈的磁场即会随之发生改变，从而产生感应电流，将能量从输入端转换到输出端。使用电磁感应方式进行无线充电要求两个设备的距离必须很近，并且只能一对一进行充电，充电时必须对准线圈。不过，电磁感应式能量转换率高，传输功率范围较大，能从几瓦到几百瓦。

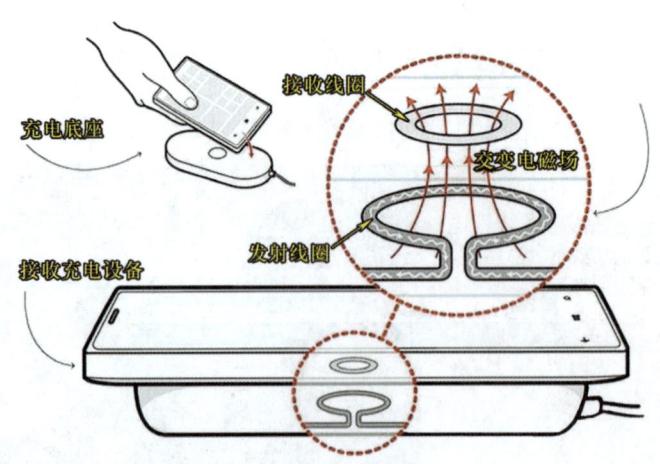

② 无线电波式：通过接收无线电波进行无线充电，原理与收音机类似。不过这种方式的传输功率非常小，最高仅为0.1W，且功效很低，大部分的能量会以无线电波的形式被浪费掉。在传输距离上稍有优势，最远距离为10m。

③ 磁场共振式：通过电磁共振的方式进行无线充电，原理与声波共振类似，只要两个介质具有相同的共振频率，就能够传递能量。这种方式的充电距离在电磁感应式

与无线电波式之间,优点是传输功率较大,能够达到几千瓦,可以同时对多个设备进行充电,不要求两个设备之间线圈对应;缺点就是损耗很高,距离越远,传输功率越大,损耗也就越大,最麻烦的是必须对使用的频段进行保护。

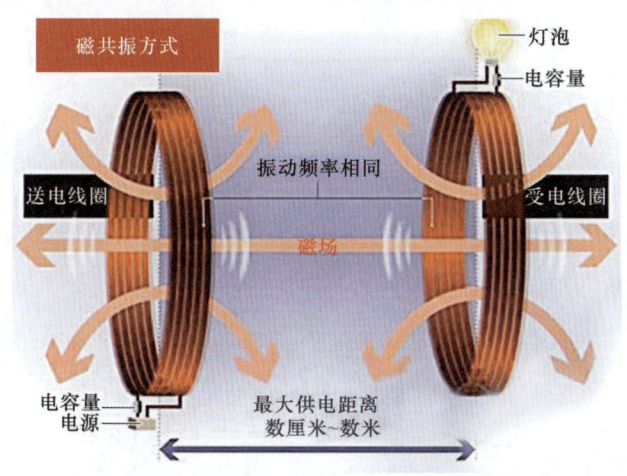

2)按照充电的动静态分类。可分为静态充电和动态充电。

① 静态充电。静态充电技术已经很成熟,在欧美国家已经开始投入使用。

② 动态充电。未来的电动汽车将可以实现随时充电,边跑边充。不需要特意去寻找充电线和充电位置。车辆在地下建有无线充电设施的道路上行驶,通过车和路之间的电量信息及电能传递的交换,补充汽车消耗的电能。

> **想一想**
>
> 目前研究无线充电技术的企业有哪些?各取得了什么样的成果?

3. 无人驾驶不是事儿

无人驾驶汽车是一种智能汽车,也可以称之为轮式移动机器人,主要依靠车内的智能驾驶仪来实现无人驾驶。电动汽车因为其本身电气化、智能化的特点,无人驾驶的技术发展也是水到渠成。

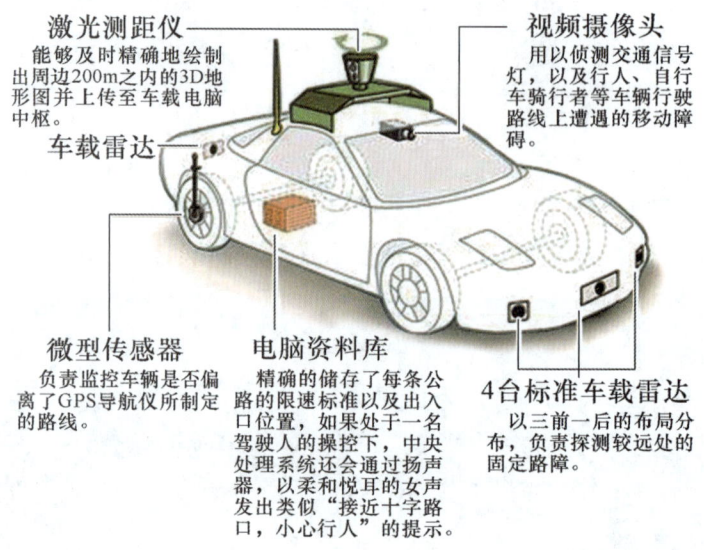

激光测距仪——能够及时精确地绘制出周边200m之内的3D地形图并上传至车载电脑中枢。

视频摄像头——用以侦测交通信号灯,以及行人、自行车骑行者等车辆行驶路线上遭遇的移动障碍。

车载雷达

微型传感器——负责监控车辆是否偏离了GPS导航仪所制定的路线。

电脑资料库——精确的储存了每条公路的限速标准以及出入口位置,如果处于一名驾驶人的操控下,中央处理系统还会通过扬声器,以柔和悦耳的女声发出类似"接近十字路口,小心行人"的提示。

4台标准车载雷达——以三前一后的布局分布,负责探测较远处的固定路障。

无人驾驶的工作原理:无人驾驶汽车是通过车载传感系统感知道路环境,自动规划行车路线并控制车辆到达预定目标的智能汽车。它是利用车载传感器来感知车辆周围环境,并根据感知所获得的道路、车辆位置和障碍物信息,控制车辆的转向和速度,从而使车辆能够安全、可靠地在道路上行驶。

同时,无人驾驶汽车也必须具备对交通法规的掌握。比如在交通灯变绿色的时候,汽车开始拐弯,当有路人走过,汽车让路;在十字路口的时候,根据规则让其他车先过,如果其他车辆没有反应,它将往前行进一点,以表明自己的意图等。

无人驾驶可以说完全把驾驶人解放,方便车主车内进行办公,让路上的时间也变成了生产力;方便朋友在车上聊天、娱乐、喝茶。

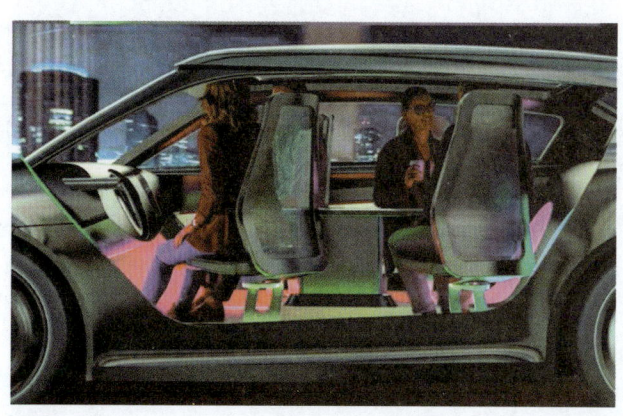

同时，无人驾驶汽车还可以实现自行回到指定的地方充电，以方便第二天的使用。

无人驾驶给你的生活会带来哪些改变？

4. 面对未来的汽车世界，你准备好了吗

未来的汽车世界其实已经展现在我们面前，现代网络已经覆盖城市，通信技术也不断地革新，在车联网已经兴起的社会，可以想象到交通会智能化、有序化，车辆会自动规划合理的路径，避免造成拥堵，行驶中自动地保持车距和合适的车速，因此堵车将不会出现，交通事故将不会发生。

以后的各种交通工具将会以清洁能源驱动，如风能、太阳能、潮汐能产生的电能供汽车行驶。

附录　88个新能源汽车推广示范城市名单

序号	城市名称	新能源汽车地方补贴标准	政策标准
1	北京市	北京采取与中央1:1的补贴比例，按续航里程对新能源车型进行补贴；财政补贴总额最高不超过车辆销售价格的60%	《北京市示范应用新能源小客车财政补助资金管理细则》
2	天津市	新能源车购置补贴将按照中央财政和地方财政1:1的补贴比例原则	《天津市新能源汽车财政补贴管理办法》
3	太原市	1）纯电动乘用车采取"固定标准"补贴2万元/辆 2）燃油车换购纯电动车的，再给予3000元奖励 3）纯电动客车按与国家补贴1:1执行，最高补贴额为每辆车50万元 4）政府机关及公共机构购置纯电动乘用车（含机要通信用车）采购价格扣除财政补贴后不得超过18万元 5）纯电动公交车、纯电动环卫车等公共领域用车按照"差价补贴"	《太原市新能源汽车推广应用实施方案》
4	大连市	地方财政一次性按与中央财政0.8:1的比例给予配套补贴	《大连市人民政府办公厅关于进一步推动新能源汽车应用的意见》
5	上海市	1）纯电动乘用车4万元/辆 2）插电式混合动力乘用车（含增程式）3万元/辆 3）燃料电池车20万元/辆	《上海市鼓励购买和使用新能源汽车暂行办法》
6	宁波市	一次性按与中央财政1:1的比例给予配套补贴	《宁波市新能源汽车推广应用实施方案（征求意见稿）》
7	合肥市	1）纯电动乘用车续航里程数在100~150km以内的2.5万元/辆 2）续航里程150~250km的4.5万元/辆 3）续航里程在250km以上5.5万元/辆 4）纯电动客车12~50万元/辆不等 5）燃料电池乘用车、轻型客货车、大中型客车和中重型货车分别为20万元/辆、30万元/辆和50万元/辆	《关于进一步促进新能源汽车推广应用的若干意见》
8	芜湖市	1）纯电动乘用车续航里程80~150km的1万元/辆 2）续航里程在150km以上的1.5万元/辆 3）插电式混合动力乘用车（含增程）续航里程在50km以上的1万元/辆 4）纯电动专用车（主要是邮政、物流、环卫等）按电池容量每千瓦时补贴2000元，每辆车补贴总额不超过15万元	《芜湖市新能源汽车推广应用财政补助资金管理办法（试行）》

（续）

序号	城市名称	新能源汽车地方补贴标准	政策标准
9	青岛市	1）乘用车按照2013年中央财政补助标准1:1补助，补助总额最高不超过车辆销售价格的60% 2）其他车辆按照中央财政补助标准的20%进行补贴	《关于青岛市新能源汽车推广应用示范车辆购置财政补助资金申领有关问题的通知》
10	郑州市	目前购买电动汽车还不能享受国家补贴	未出台政策
11	新乡市	对购置纯电动轿车和纯电动专用车（指邮政、物流专用车）的企业和个人，市财政和车辆销售所在地财政分别按照不低于中央财政补贴标准的70%、30%进行补贴，中央和地方财政补助总额最高不超过车辆销售价格的60%	《新乡市人民政府关于加快新能源汽车推广应用的意见（试行）》
12	武汉市	按国家补贴标准的1:1给予地方配套补贴，但国家和地方财政补贴总额最高不超过车辆销售价格的60%	《武汉市鼓励单位和个人购买使用新能源汽车地方配套补贴实施办法（暂行）》
13	襄阳市	1）纯电动乘用车（按续航里程R）：80km≤R<150km，3.5万元/辆；150km≤R<250km，5万元/辆；R≥250km，6万元/辆 2）插电式混合动力（含增程式）乘用车：R≥50km，3.5万元/辆 3）纯电动客车（按车长L）：6m≤L<8m，12万元/辆；8m≤L<10m，15万元/辆；L≥10m，50万元/辆 4）插电式混合动力客车（含增程式）：L≥10m，25万元/辆	《襄阳市新能源汽车推广应用实施办法》
14	长沙市	按照国家与地方1:1配套的规定，长沙市财政负担地方（省、市）配套金额的70%，中央财政和省市财政补贴总额不超过购车市场价格的60%	《长沙市人民政府办公厅关于新能源汽车推广应用的实施意见》
15	株洲市	株洲市级负担补贴金额的70%，省级负担30%，省内补贴按照国家补助1:1给予补贴（公务车除外）。市本级公务车补贴标准为按照国家标准由市本级给予补贴，中央财政和市财政补贴总额不超过购车市场价格的60%	《株洲市新能源汽车推广应用实施方案》
16	广州市	新能源车辆购置补贴将按照地方与中央补贴1:1的原则实施	《广州市新能源汽车推广应用管理暂行办法》
17	深圳市	新能源车辆购置补贴将按照地方与中央补贴1:1的原则实施	《深圳市新能源汽车推广应用若干政策措施》
18	海口市	1）纯电动乘用车（按续航里程R）：80km≤R<150km，1.89万元/辆；150km≤R<250km，2.7万元/辆；R≥250km，3.24万元/辆 2）插电式混合动力（含增程式）乘用车：R≥50km，1.89万元/辆； 3）地方政府按照国家补贴资金的60%给予补贴，省、市财政各补贴30%，其补助范围为1.89万~3.24万元	《海口市科学技术工业信息化局关于新能源汽车推广应用的公告》
19	成都市	在中央财政补贴的基础上，将给予60%的配套补贴	《成都市新能源汽车市级补贴实施细则（暂行）》
20	重庆市	重庆市级财政给予新能源客车补贴16万元/辆，其他新能源汽车按照国家补助标准1:1给予补贴，总计2.67亿元	《重庆市新能源汽车推广应用工作方案（2013—2015年）》
21	昆明市	市财政补贴参照国家财政补助资金标准按照1:0.5给予配套补助	《昆明市新能源汽车推广应用财政补助资金管理办法》

（续）

序号	城市名称	新能源汽车地方补贴标准	政策标准
22	西安市	市财政参照中央财政补助标准按1:1给予补助，补助总额最高达车辆销售价格60%	《西安市人民政府关于印发加快新能源汽车推广应用优惠政策的通知》
23	兰州市	车辆销售价格的50%由中央和地方财政补贴	《兰州市使用和推广新能源汽车（纯电动）实施意见》
24	石家庄	市财政按照中央财政补贴标准1:1的比例给予补贴，中央财政和地方财政补贴总额不超过购车价款，其他领域用新能源汽车按照中央财政补贴标准1:0.5的比例予补贴。中央财政和地方财政补贴总额不超过购车价格的60%	《石家庄市加快新能源汽车发展和推广应用的实施意见》
25	唐山	2014年和2015年，纯电动乘用车、插电式混合动力（含增程式）乘用车、纯电动专用车、燃料电池汽车补助标准在2013年标准基础上分别下降10%和20%；纯电动公交车、插电式混合动力（含增程式）公交车标准维持不变	未出台政策
26	承德	对新能源公交车和公共服务领域用新能源汽车按照中央财政补贴标准1:1的比例，其他领域用新能源汽车按照中央财政补贴标准1:0.5的比例，给予用户补贴	《2015年承德市新能源汽车推广应用省级补贴资金兑补办法》
27	杭州	1）纯电动车3万/辆 2）插电式混动车2万/辆 3）纯电动客车、插电式混合动力（含增程式）客车、纯电动专用车（主要是：邮政、物流、环卫等）、燃料电池车按国家地方1:1比例补贴	《杭州市新能源汽车推广应用财政补助暂行办法（征求意见稿）》
28	金华	纯电动客车、插电式混合动力（含增程式）客车、纯电动专用车（主要在邮政、物流、环卫等领域使用）、燃料电池车，按照国家补助标准，给予1:1的配套补助。中央财政和市财政（含公交车补助）补助资金总额最高不超过车辆销售价格的80%。纯电动乘用车给予3万元补助，插电式混合动力（含增程式）乘用车给予2万元补助	《金华市区新能源汽车推广工作实施方案》
29	绍兴	新能源出租车（不包括分时租赁和团体长租的车辆）、纯电动专用车（主要是邮政、物流、环卫等）、燃料电池车，按照国家补助标准，给予1:1的配套补助；纯电动乘用车给予3万元补助，插电式混合动力（含增程式）乘用车给予2万元补助	《绍兴市新能源汽车推广应用实施方案》
30	湖州	按照中央财政补助标准1:1的比例，给予地方配套补助（补助总额最高不超过原车价格的50%）	《湖州市新能源小型乘用车推广应用财政补助暂行办法》
31	厦门	按照国家同期补贴标准1:1予以配套补助，国家和地方补贴总额不得超过汽车销售价格的80%	《厦门市新能源汽车推广应用财政补贴办法》
32	福州	2015年省、市（平潭综合实验区）按照国家同期补贴标准1:1对新能源汽车推广应用予以配套补助。新能源非公交汽车在福州、漳州、泉州市辖区上牌的，配套资金由设区市承担40%；在三明、莆田、南平、龙岩、宁德、平潭综合实验区辖区上牌的，配套补助资金由设区市（平潭综合实验区）承担30%	《福建省人民政府关于加快新能源汽车推广应用八条措施的通知》
33	漳州		
34	泉州		
35	三明		
36	莆田		
37	南平		
38	龙岩		
39	宁德		
40	平潭		

序号	城市名称	新能源汽车地方补贴标准	政策标准
41	南昌	1）公交、客运、公务、通勤等（按车长 L）：纯电动客车（$L \geq 10m$）15万元/辆；纯电动客车（$8m \leq L < 10m$）11万元/辆；纯电动客车（$6m \leq L < 8m$）8.5万元/辆；插电式混合动力客车（含增程式，$L \geq 10m$）8万元/辆 2）城市出租：纯电动乘用车（按续航里程 R）（$R \geq 250km$）2万元/辆；纯电动乘用车（$150km \leq R < 250km$）1万元/辆；纯电动乘用车（$80km \leq R < 150km$）1万元/辆；插电式混合动力乘用车（含增程式，$R \geq 50km$）1万元/辆 3）私人、租赁、公务、通勤等：纯电动乘用车（$R \geq 250$）4.4万元/辆；纯电动乘用车（$150km \leq R < 250km$）3.6万元/辆；纯电动乘用车（$80km \leq R < 150km$）2.5万元/辆；插电式混合动力乘用车（含增程式，$R \geq 50km$）2.4万元/辆 4）邮政、物流、环卫、电力、服务等：纯电动专用车（按30kW·h电池容量计算）4.2万元/辆	《关于鼓励新能源汽车推广应用的若干政策》
42	九江	按车辆类型分为1.4万元~10万元不等	《九江市新能源汽车推广应用管理办法》
43	萍乡	1）公交客运（按车长 L）：纯电动客车（$6m \leq L < 8m$）7万元/辆；纯电动客车（$8m \leq L < 10m$）8万元/辆；插电式混合动力客车4万元/辆 2）个人（公务）乘用、整车租赁（按续航里程 R）：纯电动乘用车（$80km \leq R < 150km$）2万元/辆 3）邮政/物流/环卫/服务：纯电动专用车（按35kWh电池容量预算）4.2万元/辆	《萍乡市新能源汽车推广应用实施方案》
44	赣州	市县配套资金参照省财政补助资金标准按照1:1给予配套补助，配套资金由市财政、推广应用新能源汽车的县（市、区）财政各承担50%	未出台政策
45	佛山	国家和地方（含省、市、区）财政补助资金按1:1配套，各级财政补助资金总额最高不超过车辆销售价格的60%	《佛山市新能源汽车推广应用市级补助资金管理办法》
46	东莞	按照中央财政补贴标准1:1的比例补贴	《关于加快推进新能源汽车推广应用的实施意见》
47	珠海	1）纯电动客车（按车长 L）：$6m \leq L < 8m$ 补助15万元/辆；$8m \leq L < 10m$ 补助20万元/辆；$L \geq 10m$ 补助25万元/辆 2）插电式混合动力（含增程式）客车（按车长 L）：$L \geq 10m$ 补助12.5万元/辆 3）纯电动出租车（按续航里程 R）：$80km \leq R < 150km$ 补助1.575万元/辆；$150km \leq R < 250km$ 补助2.25万元/辆；$R \geq 250km$ 补助2.7万元/辆 4）插电式混合动力（含增程式）出租车（按续航里程 R）：$R \geq 50km$ 补助1.575万元/辆 5）纯电动公务车（按行驶里程 R）：$80km \leq R < 150km$ 补助1.26万元/辆；$150km \leq R < 250km$ 补助1.8万元/辆；$R \geq 250km$ 补助2.16万元/辆 6）插电式混合动力（含增程式）公务车：$R \geq 50$ 补助1.26万元/辆 7）纯电动私人乘用车（按续航里程 R）：$80km \leq R < 150km$ 补助0.63万元/辆；$150km \leq R < 250km$ 补助0.9万元/辆；$R \geq 250km$ 补助1.08万元/辆	《珠海市新能源汽车推广应用补助资金管理实施细则（2014—2015年）》

(续)

序号	城市名称	新能源汽车地方补贴标准	政策标准
47	珠海	8）插电式混合动力（含增程式）私人乘用车：$R \geq 50km$ 补助 0.63 万元/辆 9）纯电动专用车（主要有邮政、物流、环卫等）：按电池容量每千瓦时补贴 720 元，每辆车补贴总额不超过 5.4 万元 10）燃料电池乘用车 9 万元/辆；燃料电池客车 22.5 万元/辆	《珠海市新能源汽车推广应用补助资金管理实施细则（2014—2015年）》
48	惠州	对车辆购置实施补助，在省、市、县（区）三级财政按照中央财政 2013 年补助标准 1:1 比例配套（不退坡）的前提下，除省补助外，市、县（区）财政补助资金负担按比例分担，其中：惠城区、仲恺区由市、区按现行财政分享比例分担，其他县（区）按市 30%：县（区）70% 比例分担	《惠州市新能源汽车推广应用实施方案》
49	长春市	按照国家购车补助政策，省、市两级政府按照 1:1 比例进行配套补贴，配套资金中省、市财政各占 50%	《新能源汽车推广应用实施方案》
50	南京市	1）10m 以上纯电动客车补贴 30 万元/辆 2）6~10m 纯电动客车按电池容量每千瓦时补贴 1800 元（最高不超过国家补贴标准的 60%）。对应用于城乡公交领域的 6~8m 纯电动客车补贴 18 万元/辆、8~10m 纯电动客车补贴 24 万元/辆 3）6~8m 纯电动客车补贴 18 万元/辆、8~10m 纯电动客车补贴 24 万元/辆 4）10m 以上插电式混合动力客车（含增程式）补贴 15 万元/辆 5）纯电动专用车按电池容量每千瓦时补贴 1200 元（最高不超过 9 万元） 6）纯电动乘用车轴距大于 2.45m 每辆补贴 3.6 万元、轴距小于 2.45m 每辆补贴 2.7 万元、轴距小于 2.2m 每辆补贴 1.5 万元 7）插电式混合动力乘用车（含增程式）每辆补贴 2 万元 8）燃料电池乘用车（5 座及以下）10 万元/辆 9）燃料电池客车（9 座及以上）27 万元/辆 10）10m 以上超级电容、钛酸锂客车 9 万元/辆	《2015 年南京市新能源汽车推广应用财政补贴实施细则》
51	常州市	1）纯电动乘用车按纯电续航里程数，最高补贴 3.6 万元/辆，插电式混合动力乘用车（含增程式）2.1 万元/辆 2）纯电动客车按车长，最高补贴 30 万元/辆，插电式混合动力（含增程式）客车 15 万元/辆 3）超级电容、钛酸锂快充纯电动客车 9 万元/辆 4）纯电动专用车按电池容量每千瓦时补贴 1200 元，最高 9 万元/辆 5）燃料电池乘用车 12 万元/辆；燃料电池商用车 30 万元/辆	《常州市新能源汽车推广应用市级财政补贴实施细则》
52	苏州市	按照国家、省和市三级财政 1:0.4:0.6 的比例给予补贴	《苏州市加快新能源汽车推广应用实施意见》
53	南通市	1）纯电动乘用车（按续航里程 R）：$R \geq 250km$，每辆补贴 3.5 万元；$150km \leq R < 250km$，每辆补贴 3 万元；$80km \leq R < 150km$，每辆补贴 2 万元；插电式混合动力乘用车（含增程式）2 万元/辆 2）纯电动客车（按车长 L）：$L \geq 10m$，每辆补贴 30 万元；$8m \leq L < 10m$，每辆补贴 24 万元；$6m \leq L < 8m$，每辆补贴 18 万元 3）插电式混合动力（含增程式）客车 15 万元/辆 4）超级电容、铁酸锂快充纯电动客车 9 万元/辆 5）纯电动专用车按电池容量 1200 元/kW·h 时，最高 9 万元/辆 6）燃料电池乘用车 12 万元/辆 7）燃料电池商用车 30 万元/辆 8）裸车、电池分离销售的，按车辆、电池成本比例享受财政补贴	《南通市新能源汽车推广应用市级财政补贴实施细则》

(续)

序号	城市名称	新能源汽车地方补贴标准	政策标准
54	盐城市	地方财政补贴由市、县（市、区）财政部门按照中央财政补贴标准的60%对购置新能源汽车分别进行补贴，其中公交客车、乘用车购车补贴由各地财政进行补贴，环卫车、物流车购车补贴由市、县（市、区）财政各承担一半进行补贴。对裸车、电池分离销售按车辆、电池成本比例享受财政补贴	《盐城市人民政府关于加快新能源汽车推广应用的实施意见》
55	扬州市	1）10m以上纯电动客车补贴30万元/辆 2）6~10m纯电动客车按电池容量每千瓦时补贴1800元（最高不超过国家补贴标准的60%） 3）应用于城乡公交领域的6~8m纯电动客车补贴18万元/辆、8~10m纯电动客车补贴24万元/辆 4）10m以上插电式混合动力客车（含增程式）补贴15万元/辆 5）纯电动专用车按电池容量每千瓦时补贴1200元（最高不超过9万元） 6）纯电动乘用车轴距大于2.45m每辆补贴3.5万元、轴距小于2.45m每辆补贴2.7万元、轴距小于2.2m每辆补贴1.5万元 7）插电式混合动力乘用车（含增程式）每辆补贴2万元 8）燃料电池乘用车（5座及以下）10万元/辆 9）燃料电池客车（9座及以上）27万元/辆 10）10m以上超级电容、钛酸锂客车9万元/辆	《2015年扬州市新能源汽车推广应用市级财政补贴实施细则》
56	淄博市	享受国家购车补贴优惠	未出台相关政策
57	临沂市	1）城区电动公交车，扣除中央财政补贴后，其余价款由市财政承担 2）城乡电动公交车，扣除中央财政补贴后，由临沭县财政每辆补贴10万元，剩余价款由市交运公司承担 3）插电式新能源公务用车，扣除中央财政补贴后，其余价款由同级财政承担 4）出租、商贸物流、环卫、私用领域新能源汽车，市财政按中央财政补贴额的60%予以补贴	《临沂市新能源汽车推广应用实施方案（2014—2015年）》
58	潍坊市	补助按照国家和潍坊市1:1的原则，补助总额（国家、省、市补助之和）不超过车辆核定销售价格的最高比例（40%~60%）确定补助标准	《潍坊市人民政府关于加快新能源汽车推广应用促进新能源汽车产业发展的意见》
59	泸州市	按照中央财政补助标准给予1:1配套的购车补助	《泸州市新能源汽车市级财政补助资金暂行管理办法》
60	贵阳市	车长大于10m的插电式混合动力（含增程式）客车、纯电动客车可获得贵阳市地方财政补助，补助标准为每辆10万元	《贵阳市新能源汽车推广示范工作意见》
61	昆明市	市财政补贴参照国家财政补助资金标准按照1:0.5给予配套补助	《昆明市新能源汽车推广应用财政补助资金管理办法》
62	丽江市	享受国家购车补贴优惠	未出台政策

（续）

序号	城市名称	新能源汽车地方补贴标准	政策标准
63	玉溪市	享受国家购车补贴优惠	未出台政策
64	大理市	享受国家购车补贴优惠	未出台政策
65	晋城市	享受国家购车补贴优惠	未出台政策
66	邯郸	享受国家购车补贴优惠	未出台政策
67	保定	享受国家购车补贴优惠	未出台政策
68	邢台	享受国家购车补贴优惠	未出台政策
69	廊坊	享受国家购车补贴优惠	未出台政策
70	衡水	享受国家购车补贴优惠	未出台政策
71	沧州	享受国家购车补贴优惠	未出台政策
72	张家口	享受国家购车补贴优惠	未出台政策
73	抚州	享受国家购车补贴优惠	未出台政策
74	宜春	享受国家购车补贴优惠	未出台政策
75	江门	享受国家购车补贴优惠	未出台政策
76	肇庆	享受国家购车补贴优惠	未出台政策
77	呼和浩特市	享受国家购车补贴优惠	未出台政策
78	包头市	享受国家购车补贴优惠	未出台政策
79	沈阳市	享受国家购车补贴优惠	未出台政策
80	哈尔滨市	享受国家购车补贴优惠	未出台政策
81	聊城市	享受国家购车补贴优惠	未出台政策
82	毕节市	享受国家购车补贴优惠	未出台政策
83	遵义市	享受国家购车补贴优惠	未出台政策
84	安顺市	享受国家购车补贴优惠	未出台政策
85	六盘水市	享受国家购车补贴优惠	未出台政策
86	黔东南州	享受国家购车补贴优惠	未出台政策
87	中山	享受国家购车补贴优惠	未出台政策
88	上饶	享受国家购车补贴优惠	未出台政策

参 考 文 献

[1] 王文伟,张丽莉. 电动汽车跑起来 [M]. 北京:机械工业出版社,2015.
[2] 李伟. 新能源汽车构造原理与故障检修 [M]. 北京:化学工业出版社,2015.
[3] 付铁军. 新能源汽车 [M]. 北京:机械工业出版社,2014.
[4] 曹振华. 混合动力汽车原理与维修技术 [M]. 北京:电子工业出版社,2014.